telc

AF645478

Einfach gut! International

Deutsch als Fremdsprache A2.1

Kurs- und Arbeitsbuch

Milena Angioni

Ines Hälbig

telc gGmbH
Bad Homburg

Einfach gut! International
Bearbeitung der internationalen Ausgabe Jessica Perl
Autorinnen Milena Angioni, Ines Hälbig
Mitarbeit Vicky Dreßler, Annette Frisch, Gabriele Hoff-Nabhani, Rotraud Koll, Andrea Neuhaus, Anastasia Proyss, Jacqueline Thommes
Phonetik Franca Malcharowitz, Anni Müller
Begutachtung Christian Gabriel-Junk, Hans Rohrer, Dorothee Thommes
Fotografie Jan Kocovski
Zeichnungen Lisa Frühbeis
Layout basierend auf dem Layout von Martina Weismann
Satz Graph & Glyphe /// Büro für Ausdrucksstärke
Layout der Tests Bernd Rohs
Tonaufnahmen Audimax Kreation in Bild und Ton GmbH
Marilyn Janssen und Gerd Nesgen / .ping Tonstudios (Köln)
ten7.ton.studio

Besonderer Dank gilt dem Bundesarbeitskreis Sprachen des Deutschen Volkshochschul-Verbands e.V. für seine wertvolle Unterstützung. Als ergänzende Online-Komponente empfehlen wir die vom Deutschen Volkshochschul-Verband entwickelte kostenlose Lernplattform www.a2.vhs-lernportal.de.

Darüber hinaus finden Sie weitere Informationen zum Lehrwerk unter:
www.telc.net/lehrmaterialien.

Das Werk und seine Teile sind urheberrechtlich geschützt. Jede Nutzung in anderen als den gesetzlich zugelassenen Fällen bedarf der vorherigen schriftlichen Einwilligung des Verlags.
Hinweis zu §52a UrhG: Weder das Werk noch seine Teile dürfen ohne eine solche Einwilligung überspielt, gespeichert und in ein Netzwerk eingespielt werden. Dies gilt auch für Intranets von Schulen und sonstigen Bildungseinrichtungen sowie Firmen.
Alle Drucke dieser Auflage sind inhaltlich unverändert und können daher im Kurs nebeneinander verwendet werden.

1. Auflage 2024

© telc gGmbH 2016, 2024
www.telc.net
Printed in Germany

telc Order-Nr.: V01-4012-BAC-2301A
ISBN: 978-3-910223-10-3

Liebe Leserin, lieber Leser,

wir freuen uns, Ihnen **Einfach gut! International** zu präsentieren, unser Grundstufenlehrwerk für den Einsatz in Deutschkursen weltweit. Es basiert auf dem bewährten Lehrwerk **Einfach gut!** und bereitet Lernende sprachlich auf ihr Leben in einem deutschsprachigen Land vor. Die Teilnehmenden lernen anhand vielfältiger Inhalte aus Alltag und Beruf, sich adäquat auf Deutsch zu verständigen und ihre Meinung zu äußern. Sie werden schrittweise an den Austausch über interkulturelle Erfahrungen herangeführt.

Einfach gut! International

- greift alle relevanten Themen zu Alltag und Beruf in zyklischer Progression auf.
- bereitet systematisch auf Aufgaben im Prüfungsformat vor.
- bietet viele Extras: Zwischentests zur Lernzielkontrolle, ein integriertes Kapitel zum Aussprachetraining und zusätzliche Übungen zum Lernwortschatz.
- orientiert sich konsequent am Gemeinsamen europäischen Referenzrahmen für Sprachen.
- enthält Übungstests zu den Sprachprüfungen auf den Niveaus A1, A2 und B1.

Einfach gut! International macht sowohl das Unterrichten als auch das Lernen so einfach wie möglich. Das Lehrwerk unterstützt Sie optimal bei der Vorbereitung Ihrer Kursteilnehmenden auf die Prüfungen zum Nachweis von Deutschkenntnissen für Aufenthalt, Einbürgerung oder Berufsanerkennung.

Der vorliegende Band ist der dritte von sechs Teilbänden unseres dreistufigen Lehrwerks. Zusammen mit A2.2 führt der Band A2.1 zu Niveau A2 und bereitet auf den Test *Start Deutsch 2/telc Deutsch A2* vor. Nach Abschluss dieses Bandes kann man sich bereits in vertrauten alltäglichen und beruflichen Situationen verständigen.

Die **Audiodateien**, die **Lösungen**, die **Hörtexte** und weitere **kostenlose Downloads** finden Sie im Downloadbereich auf unserer Webseite. Die Audiodateien finden Sie außerdem in der App **telc Deutsch-Box**, die Sie in Ihrem App-Store kostenlos herunterladen können.

Erfahrene Kursleiterinnen und Kursleiter haben uns bei der Entwicklung aller Produkte rund um **Einfach gut! International** beraten. Wir freuen uns, Ihnen mit **Einfach gut! International** ein Lehrwerk vorlegen zu können, das passgenau im DaF-Unterricht eingesetzt werden kann.

Viel Erfolg und Spaß wünscht Ihnen Ihr

Geschäftsführer telc gGmbH

Inhalt

Die wichtigsten Abkürzungen und Symbole

m.	maskulin	Pl.	Plural
f.	feminin	Sg.	Singular
n.	neutral	--	keine Veränderung im Plural (z. B. Becher/--)
		---	kein Artikel (z. B. ein Tisch/--- Tische)

leichtere Übung

anspruchsvollere Übung

richtig

falsch

1 Hörübung mit Trackangabe

Verweis auf eine Übung im Kursbuchteil

TIPP 1

Suchen Sie sich eine Lektion aus, die Sie besonders gern mochten. Sortieren Sie den Wortschatz nach Wortfeldern, z. B.:

Was gibt es in Ihrer Wohnung?

Im Wohnzimmer	In der Küche	Im Schlafzimmer
das Sofa	**die** Einbauküche	**das** Bett
…	**der** Esstisch	…

TIPP 2

Lernen Sie Wörter mit Bildern.

Sie können z. B. in Zeitschriften Bilder suchen, die zu den Wörtern passen, eigene Fotos verwenden oder Zeichnungen anfertigen.

TIPP 3

Ordnen Sie Wörter nach Ihren persönlichen Vorlieben.

Das mag ich: Das gefällt mir nicht: Das esse ich gern:

TIPP 4

Sprechen Sie die Wörter, die Sie lernen, laut. Bewegen Sie sich dabei.

Gehen Sie z. B. für jede Silbe einen Schritt. Zusätzlich können Sie beim Sprechen jeder Silbe einmal in die Hände klatschen.

TIPP 5

Suchen Sie sich zu Nomen passende Verben und umgekehrt. Lernen Sie die Nomen und Verben zusammen. Auch hierfür können Sie die Vorder- und Rückseite von Lernkarten nutzen.

der Termin + absagen = den Termin absagen

TIPP 6

Schreiben Sie Fragen und verschiedene mögliche Antworten auf Lernkarten und üben Sie Dialoge.

Entschuldigung, darf ich Sie etwas fragen?

▶ *Ja, natürlich.*
▶ *Sie müssen bitte zuerst eine Nummer ziehen und warten.*

TIPP 7

Stellen Sie sich jeden Tag einen kleinen Stapel Ihrer Lernkarten zusammen und stecken Sie sie z. B. in Ihre Brieftasche. Wenn Sie unterwegs sind, U-Bahn fahren oder beim Arzt im Wartezimmer sitzen, können Sie sich damit sinnvoll die Zeit vertreiben.

Chatten, mailen, sich informieren

1 Tipps und Termine

2 **a** Rabia und Miguel wollen am Sonntag etwas zusammen machen. Sie schauen im Internet nach, was in der Stadt los ist. Hören Sie den Dialog. Wer sagt das: Rabia (R) oder Miguel (M)?

> nach|schauen
> Ich **schaue** im Internet **nach**.

1 ☐ Was soll ich denn googeln?
2 ☐ Geh doch mal auf die Seite „Stadtzeitung-online.de".
3 ☐ Hier ist die Startseite.
4 ☐ Du musst auf „Tipps und Termine" klicken.
5 ☐ Da finden wir alle Infos.

www.stadtzeitung-online.de

STADTZEITUNG ONLINE Donnerstag, 09. Mai

TIPPS UND TERMINE FÜR DAS WOCHENENDE

Sie möchten am Wochenende etwas unternehmen, wissen aber nicht was? Hier finden Sie die besten Veranstaltungstipps:

KINDER
Der Froschkönig. Theater für Kinder (3 – 6 Jahre). Samstag und Sonntag um 15 Uhr im Stadttheater. Eintritt 3,50 Euro.

KINO
Internationale Filmtage. Filmklassiker aus aller Welt im CineCenter, Freitag bis Sonntag. Hier klicken und Programmheft herunterladen. Karten gibt es an der Kinokasse. *Zum Programmheft >>*

SPORT
Radtour entlang der Berliner Mauer (15km). Sonntag um 10 Uhr geht's los (auch bei Regenwetter)! Treffpunkt: Schönhäuser Allee 36.

PARTY
Ü30-Party, Samstag ab 20 Uhr in der Festhalle.
Nette Leute kennenlernen, flirten und bis in den frühen Morgen tanzen. Eintritt 8 Euro.
Tickets online reservieren und später an der Abendkasse abholen.
Zur Ticket-Reservierung >>

MÄRKTE
Flohmarkt im Mauerpark. Gebrauchte Sachen kaufen und verkaufen: Kleidung, Spielzeug, Bücher und viel, viel mehr. Jeder kann mitmachen! Sonntag 11 – 18 Uhr.
Eintritt frei.

Seite drucken

Das Wetter heute

Vormittag 13° | Nachmittag 19°

Das Wetter am Wochenende >>

Unsere Leserinnen und Leser empfehlen:

„Am Wochenende haben wir Straßenfest in der Kreuzbergstraße. Es gibt Kuchen, Salate, Würstchen und Getränke. Viele Geschäfte machen auch mit und man kann am Sonntag bis 16 Uhr einkaufen."

Helene Stahnke

„Das Kulturcafé ist jeden Samstag ab 18 Uhr Treffpunkt für Deutschlerner. Hier kann man auf Deutsch diskutieren oder Fragen zum Leben in Deutschland stellen. Man lernt viel und trifft nette Leute – eine super Sache!"

Isaac Annan

Haben Sie auch einen Tipp oder eine Empfehlung? Schreiben Sie eine Mail an leseraktion@stadtzeitung.de.

Newsletter

Alle Infos kostenlos per E-Mail – jeden Dienstag! *Jetzt anmelden >>*

b Lesen Sie die Sätze und die Texte auf der linken Seite. Richtig oder falsch?

		✓	✗
1	Man kann am Samstag eine Radtour machen.	☐	☐
2	Tickets für die Ü30-Party kann man online reservieren.	☐	☐
3	Man kann den Froschkönig kostenlos sehen.	☐	☐
4	Das Kinoprogramm für die Filmtage findet man im Internet.	☐	☐
5	Man muss die Kinokarten an der Kinokasse kaufen.	☐	☐
6	In der Kreuzbergstraße kann man am Sonntag einkaufen.	☐	☐
7	Im Kulturcafé kann man deutsche Filme sehen.	☐	☐

Infos ist kurz für **Informationen.**

man ≠ Mann

man = wir alle, alle Leute
Das Verb steht immer in der **3. Pers. Sg.**
Man findet alle Infos im Internet. **Man muss** auf „Tipps und Termine" klicken.

c Ihre Partnerin/Ihr Partner kann nicht so gut Deutsch. Helfen Sie ihr/ihm, die Veranstaltungstipps in der Stadtzeitung zu verstehen. Sie/er stellt Ihnen Fragen.

2 Das Wetter am Wochenende

vormittags = am Vormittag
nachmittags = am Nachmittag

a Hören Sie die Wettervorhersage für Samstag und Sonntag. Wann braucht man einen Regenschirm? 3

☐ Am Samstagvormittag. ☐ Am Samstagnachmittag. ☐ Man braucht keinen Regenschirm.
☐ Am Sonntagvormittag. ☐ Am Sonntagnachmittag.

Die Temperaturen steigen. ↗
Die Temperaturen sinken. ↘

b Hören Sie die Wettervorhersage und sehen Sie die Bilder an. Was passt? Kreuzen Sie an. 3

Samstag, 11. Mai (a)	
Vormittag	Nachmittag
14°	21°

Samstag, 11. Mai (b)	
Vormittag	Nachmittag
14°	18°

Sonntag, 12. Mai (c)	
Vormittag	Nachmittag
11°	18°

Sonntag, 12. Mai (d)	
Vormittag	Nachmittag
11°	18°

c Wie ist das Wetter heute in Ihrer Stadt? Braucht man einen Regenschirm? Eine Sonnenbrille? Einen Mantel? Sprechen Sie im Kurs.

3 Das finde ich gut!

Ich finde die Ü30-Party gut. Hier kann man tanzen.

a Lesen Sie die Veranstaltungstipps in der Stadtzeitung noch einmal. Welche Veranstaltung gefällt Ihnen? Warum? Sprechen Sie im Kurs.

„Ich finde ... gut / interessant / super."
„Mir gefällt ... / Mir gefallen ..."

b Rabia und Miguel suchen zwei Veranstaltungen aus. Welche? Hören Sie und kreuzen Sie an. 4

☐ Radtour und Kino ☐ Straßenfest und Kino
☐ Radtour und Flohmarkt

aus | suchen
Ich **suche** einen Film **aus.**

4 E-Mail für dich

5 **a** Hören Sie und ergänzen Sie.

dich | mich | ihn

Miguel:	Rabia? Kommst du mal?
Rabia:	Gleich. Ich bin gerade im Bad, unter der Dusche.
Miguel:	Hier ist eine E-Mail für dich.
Rabia:	Für ______ 1 ______?
Miguel:	Ja, von Lukas. Rabia, wer ist Lukas? Kenne ich ______ 2 ______?
Rabia:	Wer ist wer? Einen Moment, Miguel, ich verstehe ______ 3 ______ nicht. Ich komme gleich.

b Was ist passiert? Warum ist Miguel nervös? Was glauben Sie: Öffnet er die E-Mail von Lukas? Darf er sie lesen? Beantworten Sie die Fragen zu zweit oder im Kurs.

ich	**mich**
du	**dich**
er/sie/es	**ihn/sie/es**

c Lesen Sie die Nachricht von Lukas. Welches Wort ist richtig? Unterstreichen Sie es.

> Hallo Rabia,
>
> ich habe 1 (dich | mich) gestern angerufen, aber dein Handy war aus ☹.
> Besuchst du 2 (dich | mich) mal wieder? Wir können auch am Wochenende etwas zusammen unternehmen. Am Sonntagnachmittag habe ich keine Zeit. Da kommt Daniel zu Besuch. Kennst du 3 (ihn | sie | es)? Wir wollen zusammen zum Fußball gehen.
> Am Samstag habe ich aber noch nichts vor. Ruf 4 (dich | mich) an!
>
> Bis bald
> Lukas

6 **d** Wer ist Lukas? Raten Sie zuerst. „Ist Lukas vielleicht …?“ Hören Sie dann den Dialog und finden Sie es heraus.

> etwas heraus | finden
> Ich weiß es nicht, aber ich **finde** es **heraus**.

e Fragen Sie und antworten Sie. Benutzen Sie *ihn*, *sie* oder *es*.

1 Brauchst du den Computer? – Ja, ich brauche ihn. / Nein, ich brauche ihn nicht.

2 Rufst du Miguel an?
3 Kennst du Daniel?
4 Schickst du die E-Mail ab?
5 Hast du das Programmheft?
6 Bestellst du den Newsletter?
7 Kaufst du das Ticket online?
8 Liebt sie Miguel?
9 Suchst du das Handy?
10 Liest du meine E-Mail?

5 Eine Verabredung

a Hören Sie und ergänzen Sie. 7

euch | sie | uns

wir	**uns**
ihr	**euch**
sie/Sie	**sie/Sie**

Lukas: Hallo Rabia. Endlich rufst du an!

Rabia: Hallo Lukas. Ich habe deine Mail gerade erst gelesen.
Ich möchte dich sehr gerne sehen. Miguel auch.
Möchtest du ....1.......... am Samstag besuchen?

Lukas: Na klar, ich besuche ....2.......... gerne.

Rabia: Prima. Kommen deine Eltern mit? Fragst du ....3.......... mal?

Lukas: Sie sind nicht da, aber ich rufe sie an, okay?

Rabia: In Ordnung. Bis später dann.

mit | kommen
Wir gehen ins Kino.
Kommst du **mit**?

b Ergänzen Sie die Sätze mit *uns, euch* oder *sie*.

1 Liebe Freunde, ich mache eine Party und möchte .... alle einladen.
2 Hast du die Telefonnummer von Rabia und Miguel? Ich möchte .... anrufen.
3 Wir haben eine neue Wohnung. Besucht ihr .... mal?
4 Ich habe die Kinokarten reserviert. Wir können .... an der Kasse abholen.

Hdl = Hab dich lieb
LG = Liebe Grüße
VG = Viele Grüße

c Lesen Sie die vier Nachrichten von Lukas und Rabia. Bringen Sie sie in die richtige Reihenfolge.

Geht auch 14 Uhr?
Dann haben wir
mehr Zeit.
VG
Lukas ☐

Hallo Rabia, Mama und Papa
kommen nicht mit. Sie wollen
Oma im Krankenhaus besuchen.
Könnt ihr mich abholen?
Lukas ☐

Ja, 14 Uhr geht auch. Bis
Samstag dann und viele
Grüße an deine Eltern.
Hdl
Rabia ☐

Ja, gern.
Wann denn?
Um 15 Uhr?
LG
Rabia ☐

6 Kommst du mit?

Arbeiten Sie zu zweit. Sie brauchen Ihr Handy oder einige Notizzettel.

Teilnehmer/in A: Sie möchten etwas unternehmen. Schreiben Sie eine Nachricht an Teilnehmer/in B. Machen Sie einen Vorschlag: ins Kino gehen, zum Flohmarkt gehen, zum Straßenfest gehen etc.

Teilnehmer/in B: Antworten Sie. Tauschen Sie dann die Rollen.

A

Hast du Zeit?
Ich möchte ….
Kommst du mit?

B

Ja, gern. Wann denn?
Ja, ich komme mit. Wann?

Ich habe leider keine Zeit.
Ich kann leider nicht.

7 Neu in der Stadt

8 **a** Hören Sie und ordnen Sie zu.

Text	1	2	3	4
Bild				

A

B

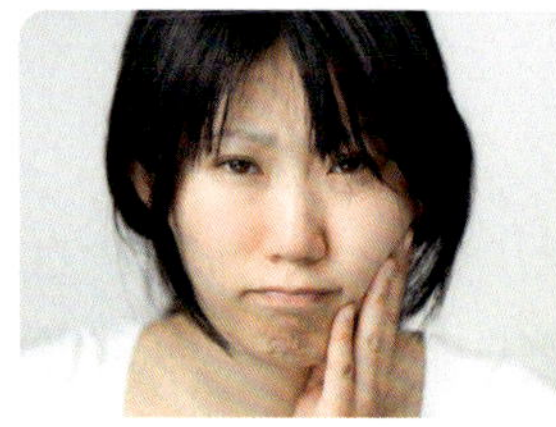

C

D

Ich suche	einen **Zahnarzt**. eine **Wohnung**. ein **Restaurant**. **Freunde**.	Wo finde ich	einen? eine? eins? welche?

Funktioniert wie einen, eine, eins: keinen, keine, keins

Aber: keine
(Ich suche Freunde. Ich habe keine.)

b Lesen Sie die Fragen und die Antworten auf der nächsten Seite. Was passt zusammen?

www.forumneuinderstadt.de

Sie sind hier: Startseite >> Forum

Willkommen im Forum *NEU IN DER STADT*

Hier können Sie Fragen stellen und Kommentare schreiben.
Einfach anmelden und starten. Viel Spaß!

Anmelden

Benutzername

Kennwort

1 

Valeria 28. August 11:14

Hilfe! Meine Freundin heiratet nächste Woche und ich habe noch kein Kleid für die Hochzeit. Ich habe eins online gekauft, aber es passt nicht. ☹

2 

Ahmed 30. August 14:37

Meine kleine Tochter hat eine Erkältung und ich suche einen Kinderarzt.
Wer kennt einen?

3 

Irina 30. August 22:10

Ich möchte am Wochenende etwas unternehmen und Leute kennenlernen.
Was ist in der Stadt los? Wo finde ich Informationen?

4 

Manuel 01. September 18:28

Ich möchte besser Deutsch lernen. Gibt es eine Sprachschule in der Stadt?

5 

Peter 01. September 19:39

Ich möchte am Wochenende gerne Radtouren machen.
Wer hat Tipps oder Ideen?

www.forumneuinderstadt.de

a 

Shari 03. September 19:53

Ja, es gibt eine in der Ludwigstraße. Die Kurse sind super und die Lehrerinnen und Lehrer sind alle sehr nett. Informationen und Preise findest du hier: www.mondo-sprachen.de.

b 

Pia 03. September 20:05

Ich habe ein Modegeschäft in der Finkenstraße 12. Da gibt es viele schöne Kleider. Wir finden bestimmt eins für dich. Komm vorbei!

c 

Miguel 04. September 16:21

Am Wochenende ist immer viel los. Veranstaltungstipps findest du in der Stadtzeitung oder im Internet unter www.stadtzeitung-online.de.

d 

Miro 05. September 13:42

Ich empfehle Dr. Stefan Buschhaus. Er ist sehr gut. Seine Praxis ist in der Brunnenstraße 37 (Tel. 2949988). Man bekommt sofort einen Termin.

e 

Anja 05. September 15:39

Es gibt eine super App für Radtouren. Du kannst sie kostenlos herunterladen. Dann hast du alle Infos auf dem Smartphone. www.radtouren-planer.com

c Sie möchten im Internetforum *Neu in der Stadt* mitmachen. Lesen Sie und variieren Sie.

*Du brauchst **einen** Benutzernamen. Hast du **einen**?*

*Ja, ich habe **einen**. / Nein, ich habe **keinen**.*

einen Computer | ein Kennwort | ein Foto | eine E-Mail-Adresse

d Sie möchten auch eine Frage im Forum stellen. Schreiben Sie eine Frage.

Ich möchte …	Kann man hier …?	Wer hat einen Tipp/eine Idee?
Ich suche …	Gibt es hier …?	
Ich brauche …	Wo finde ich …?	

Schreiben Sie eine Antwort.

Du kannst …	Man kann …	Es gibt …
Du findest …	Man findet …	
Du brauchst …	Man braucht …	

8 Knifflige Wörter

Hören Sie und sprechen Sie nach. 9

die Veranstaltung – die Veranstaltungstipps – das Programmheft – das Stadttheater – der Benutzername – die Zeitungsanzeige – das Internetforum – die Wettervorhersage

Sprachbausteine

Moderne Medien

die App, der Benutzername, der Computer, die Datei, die E-Mail, das Handy, das (Internet-)Forum, das Kennwort, der Newsletter, das Programm, das Smartphone, die Nachricht, die Startseite

(ab-)schicken, anklicken, (aus-)drucken, chatten, googeln, herunterladen, hochladen, löschen, mailen, öffnen, speichern

Die Wettervorhersage

Die Temperaturen steigen/sinken auf 18 Grad.
Es ist kühl/trocken.
Die Sonne kommt heraus./Es ist zeitweise sonnig.

Das gefällt mir.

Ich finde ... gut/interessant/super.
Mir gefällt .../Mir gefallen ...

Symbole in E-Mail-Adressen

@ at *(engl.)*
. Punkt
- minus

Abkürzungen

VG = Viele Grüße
LG = Liebe Grüße
Hdl = Hab dich lieb

Verabredungen

Hast du Zeit?
Ich möchte .... Kommst du mit?

Ja, gern. Wann denn?
Ja, ich komme mit. Wann?

Ich habe leider keine Zeit.
Ich kann leider nicht.

Morgen um 16 Uhr?

Ja, das passt gut.
Geht auch 17 Uhr?

Grammatik

Das Pronomen *man*

Man braucht einen Benutzernamen und ein Kennwort.
Man muss die Tickets an der Kinokasse abholen.
Kann **man** die Zeitung auch online lesen?

Personalpronomen im Akkusativ

Nominativ	Akkusativ	
ich	**mich**	Du besuchst **mich**.
du	**dich**	Ich besuche **dich**.
er/sie/es	**ihn/sie/es**	Ich besuche **ihn**.
wir	**uns**	Du besuchst **uns**.
ihr	**euch**	Ich besuche **euch**.
sie/Sie	**Sie/sie**	Ich besuche **sie**.

Trennbare Verben zum Thema *Internet* und *sich informieren*

ich	**lade** die Datei **herunter**
du	**lädst** die Datei **herunter**
er/sie/es	**lädt** die Datei **herunter**
wir	**laden** die Datei **herunter**
ihr	**ladet** die Datei **herunter**
Sie/sie	**laden** die Datei **herunter**

Auch so: *nachschauen* (Ich **schaue** im Internet **nach**.)

Indefinitpronomen im Akkusativ

der Computer	Hast du **einen**?	Nein, ich habe **keinen**.
die E-Mail-Adresse	Hast du **eine**?	Nein, ich habe **keine**.
das Handy	Hast du **eins**?	Nein, ich habe **keins**.
die Fotos	Hast du **welche**?	Nein, ich habe **keine**.

Mit Bus und Bahn

Wie sind die Verkehrsmittel?

Zug   Bus   Bahn   Fahrrad   ...

teuer   schnell   bequem   billig   ...

1 Morgens in Frankfurt

a 8 Uhr morgens in Frankfurt. Viele Leute sind in der Stadt unterwegs. Sehen Sie sich die Bilder an. Wo sind die Leute? Wohin gehen/fahren/fliegen sie? Ergänzen Sie.

auf dem | an der | auf der | im | zur | nach | zum | in die

1

3

am = an dem
im = in dem
zur = zu der
zum = zu dem

Wo? Sie ist .... Bahnsteig. — Sie ist .... Flugzeug.

Wohin? Sie fährt heute .... Heidelberg. — Sie fliegt .... Türkei.

Wo?
in Frankfurt
am Main
im Stadtzentrum
auf dem Schiff
an der Haltestelle

2

4

Wo? Er ist .... Haltestelle. — Sie ist .... Straße.

Wohin? Er will .... Deutschkurs. — Sie geht .... Arbeit.

Wohin?
nach Hannover
in die Schweiz
zur U-Bahn
zum Flughafen

10 **b** Auch Karim ist unterwegs. Sein Handy klingelt und seine Freundin Luisa ruft an. Hören Sie das Gespräch und lesen Sie. Was ist richtig: a, b oder c?

1 Karim ist gerade
- a ☐ im Zug.
- b ☐ in der U-Bahn.
- c ☐ zu Hause.

2 Er fährt heute
- a ☐ in die Schweiz.
- b ☐ nach Frankfurt.
- c ☐ nach Heidelberg.

3 Er will
- a ☐ seine Eltern besuchen.
- b ☐ seine Freundin besuchen.
- c ☐ seinen Vater besuchen.

c Welche Antwort passt zu welcher Frage? Ordnen Sie zu.

1 Wo waren Sie heute Morgen?
2 Wohin sind Sie gegangen?
3 Wo sind Sie jetzt?
4 Wohin gehen Sie nach dem Deutschkurs?

a Ich gehe später zum Supermarkt.
b Heute Morgen war ich im Flugzeug.
c Ich bin nach Hause und dann zum Kurs gegangen.
d Ich bin jetzt im Café und mache eine Pause.

d Schreiben Sie Ihre Antworten auf die Fragen.

2 Wie komme ich zum Flughafen?

a Hören Sie und variieren Sie. 11

- ▶ Entschuldigung, wie komme ich **zum Flughafen**?
- ▷ Ganz einfach. Nehmen Sie **die S-Bahn**. **Die Linie 8** fährt **zum Flughafen**.
- ▶ Und wo ist **die nächste S-Bahn-Haltestelle**?
- ▷ Da drüben. Sehen Sie das Schild?
- ▶ Ah ja. Vielen Dank.

1 ▶ Stadtzentrum/die nächste U-Bahn-Station
▷ U-Bahn, Linie 4

2 ▶ Universität/die nächste Bushaltestelle
▷ Bus, Nummer 35

b Hören Sie und ergänzen Sie. 12

- ▶ Entschuldigung, ich möchte zum Bahnhof Frankfurt Süd. Ist das weit?
- ▷ Nein, das ist nicht weit. Fahren Sie mit der .... zum Willy-Brandt-Platz. Dort steigen Sie um und nehmen die .... in Richtung Frankfurt Süd.
- ▶ Wie viele Stationen sind das?
- ▷ Ich glaube, das sind nur zwei oder drei Stationen.
- ▶ Vielen Dank.
- ▷ Gerne.

- ▶ Entschuldigung, wie komme ich zur VHS?
- ▷ Nehmen Sie die .... in Richtung Hanau. Steigen Sie an der Ostendstraße aus. Von dort können Sie zu Fuß gehen. Es sind nur ein paar Minuten.
- ▶ Danke. Ach, noch eine Frage: Wo kann ich die Fahrkarte kaufen?
- ▷ Am Fahrkartenautomat. Da drüben ist einer.
- ▶ Ah, ja. Danke.

der Automat	→	Da ist **einer**.
die Uhr	→	Da ist **eine**.
das Taxi	→	Da ist **eins**.
die Zeitungen	→	Da sind **welche**.

c Sehen Sie sich den S-Bahn-Plan an. Wie fahren Sie? Variieren Sie die Dialoge aus Übung 2a und b.

Sie steigen	am Europaplatz	ein und möchten	zum Parkbad Süd.
	am Anna-Hospital		zur Stadtbibliothek.
	am Westbahnhof		zur Universität.
	an der Brückstraße		zum Zoo.

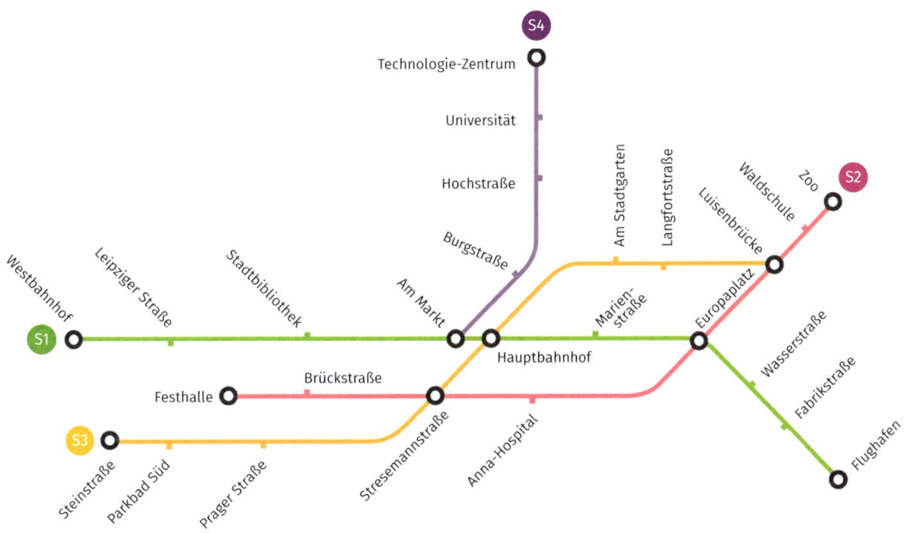

einsteigen

umsteigen

aussteigen

3 Gute Fahrt!

13

a Karim möchte am Fahrkartenschalter eine Fahrkarte kaufen. Lesen Sie die Sätze. Wer sagt was: Karim (K) oder der Mitarbeiter (M)? Hören Sie dann das Gespräch.

- [M] Was kann ich für Sie tun?
- [ ] Wann fährt der nächste Zug?
- [ ] Wie lange dauert die Fahrt?
- [ ] Der Zug kommt um 11:48 am Hauptbahnhof an.
- [ ] Muss ich umsteigen?
- [ ] Sie haben dort Anschluss um 11:35 mit dem RE nach Heidelberg.
- [ ] Hin und zurück?
- [ ] Nein, nur die Hinfahrt.
- [ ] Möchten Sie einen Platz reservieren?
- [ ] Hier sind Ihre Fahrkarte und Ihr Reiseplan.

hin →

← **zurück**

die Fahrt
die Hinfahrt
die Rückfahrt

13

b Hören Sie noch einmal und lesen Sie den Reiseplan. Der Mitarbeiter hat zwei Fehler gemacht. Welche?

REISEPLAN

VON: Frankfurt (Main) Hbf NACH: Heidelberg Hbf Dauer: 0:58

Bahnhof/Haltestelle	**Uhrzeit**	**Gleis**	**Zug**
Frankfurt (Main) Hbf	ab 10:50	11	ICE 224
Mannheim Hbf	an 11:27	3	Intercity-Express
Mannheim Hbf	ab 11:35	6	RE 15263
Heidelberg Hbf	an 11:48	7	Regional-Express

abfahren
Der Zug **fährt** um 10:00 Uhr **ab**.

ankommen
Der Zug **kommt** um 11:00 Uhr **an**.

14

c Hören Sie noch zwei Gespräche am Fahrkartenschalter und notieren Sie die Informationen. Ihre Partnerin/Ihr Partner konnte die Informationen nicht verstehen. Wiederholen Sie sie und erklären Sie ihr/ihm diese.

1

Reiseziel ....
Abfahrt ....
Ankunft ....
Umsteigen in ....

2

Reiseziel ....
Abfahrt ....
Ankunft ....
Umsteigen in ....

d Spielen Sie Dialoge. Variieren Sie.

▶ Ich möchte nach **Düsseldorf**. Wann fährt der nächste Zug?
▷ Um **14:29 Uhr**.
▶ Muss ich umsteigen?
▷ Ja, Sie müssen in **Köln** umsteigen.
▶ Und wann komme ich in **Düsseldorf** an?
▷ Um **16:12 Uhr**.

FRANKFURT AM MAIN HBF

Reiseziel	**Abfahrt**	**Ankunft**	**Umsteigen in**
Düsseldorf	14:29	16:12	Köln
Regensburg	14:54	18:38	Nürnberg
Dortmund	15:10	17:37	Essen
Bremen	15:26	19:31	Kassel
Rostock	15:58	21:28	Hamburg

4 Schneller, besser, billiger!

a Karim wartet auf dem Bahnsteig. Er schreibt eine Nachricht an seinen Vater und liest eine Zeitschrift. In der Zeitschrift findet er diese Information.

> Hallo Paps, ich bin um 11:48 Uhr in Heidelberg. Holst du mich ab? Bis später Karim

Schneller, besser, billiger!

FLITZBUS – IHR FERNBUS

Schnell und günstig mit dem Bus durch Deutschland.

Preisbeispiele *(einfache Fahrt):*	***Preis***	***Dauer***
Hamburg – Stuttgart	*26 Euro*	*6 Stunden*
Frankfurt a. M. – Heidelberg	*11 Euro*	*1 Stunde*
Köln – Saarbrücken	*18 Euro*	*3 Stunden*
Berlin – München	*23 Euro*	*6 Stunden*

Jetzt online buchen und sparen.
Mehr Info unter www.flitzbus.de

Was kostet die Fahrt von Frankfurt nach Heidelberg mit dem Fernbus? Was hat Karim für die Zugfahrkarte bezahlt? Notieren Sie.

FERNBUS
Preis: ....
Dauer: ....

ZUG
Preis: ....
Dauer: ....

> **billig**
> Wir sagen auch **günstig** oder **preiswert**.

b Vergleichen Sie. Welche Fahrt ist billiger? Welche dauert länger?

Die Fahrt mit .... ist **billiger als** die Fahrt mit ....

Die Fahrt mit .... dauert **genauso** lang **wie** die Fahrt mit ....

c Adjektive: Suchen Sie das Gegenteil.

1	schnell	wenig
2	lang	schlecht
3	früh	nah
4	teuer	langsam
5	gut	spät
6	viel	schwierig
7	weit	alt
8	neu	billig
9	einfach	kurz

> Hallo Paps, stell dir vor: Mit dem Bus fahre ich günstiger als mit der Bahn. So ein Pech! Ich habe das nicht gut geplant. Gruß, Karim

d Drehen Sie die Sätze um und schreiben Sie.

1 Der ICE ist **schneller als** der RE. → Der RE ist **langsamer als** der ICE.
2 Die Fahrt nach München ist **länger als** die Fahrt nach Köln.
3 Die Busfahrkarte kostet **weniger als** die Bahnfahrkarte.
4 Die Bushaltestelle ist **näher als** die U-Bahn-Station.
5 Die Fahrt mit der U-Bahn dauert **länger als** die Fahrt mit dem Zug.

5 Ihre beste Reisemöglichkeit

die Reisemöglichkeit = die Option

a Sie möchten von Frankfurt nach Düsseldorf fahren. Vergleichen Sie die Reisemöglichkeiten.

	1 ICE	2 IC	3 RE	4 Fernbus
Preis	81 Euro	55 Euro	42 Euro	18 Euro
Dauer	1:25	2:50	3:45	3:30

b Welche Reisemöglichkeit finden Sie am besten? Und am schlechtesten? Warum? Sprechen Sie zu dritt. Zwei Personen diskutieren und haben unterschiedliche Meinungen. Die dritte Person moderiert das Gespräch und hilft bei der Kommunikation.

Ich finde den RE am besten.

Ja, aber …

Warum? Die Fahrt ist …

6 Bus oder Bahn?

a Lesen Sie die Texte. Wer fährt am liebsten Bus? Wer Bahn? Wer Auto?

Bus oder Bahn? Nein, danke. Ich möchte flexibel sein. Deshalb fahre ich meistens mit dem Auto.

– Gregor, 49 Jahre

Mit *deshalb* verbinden wir zwei Hauptsätze.

Hauptsatz 1 +	**Hauptsatz 2**
Ich habe kein Auto.	**Deshalb** fahre ich mit dem Bus.

Autofahren ist stressig und außerdem schlecht für die Umwelt. Deshalb fahre ich am liebsten mit der Bahn. Im Zug habe ich Zeit für mich. Ich kann lesen, aus dem Fenster schauen oder schlafen. Bahnfahren ist für mich die beste Reisemöglichkeit – ganz klar!

– Karim, 24 Jahre

Ich bin Student und habe im Moment nicht viel Geld. Deshalb fahre ich längere Strecken am liebsten mit dem Fernbus. Letztes Wochenende bin ich für 29 Euro nach Paris gefahren. Besser geht's nicht! In der Stadt bin ich meistens mit der U-Bahn unterwegs. Das geht am schnellsten.

– Alex, 28 Jahre

b Verbinden Sie die Sätze mit *deshalb*.

1 Ich habe kein Auto. Ich fahre mit dem Bus. → Ich habe kein Auto. Deshalb fahre ich mit dem Bus.
2 Heute regnet es. Ich fahre mit der U-Bahn zur Arbeit.
3 Ich fahre jeden Tag mit dem Bus. Ich habe eine Monatskarte.
4 Ich habe nicht viel Zeit. Ich nehme ein Taxi.
5 Mein Zug hat Verspätung. Ich verpasse meinen Anschluss in Frankfurt.
6 Ich habe meinen Zug verpasst. Ich komme zu spät zur Arbeit.

hat Verspätung = kommt später
verpassen = nicht erreichen

c Und Sie? Fahren Sie lieber mit dem Bus, mit der Bahn oder mit dem Auto? Warum? Sprechen Sie.

7 Verehrte Fahrgäste ...

Der Zug ist verspätet.	=	hat Verspätung
Der Zug ist pünktlich.	=	hat keine Verspätung
Der Zug fällt aus.	=	kommt nicht
Die planmäßige Abfahrt ist um 9:15 Uhr.	=	nach Plan
Es gibt eine technische Störung.	=	ein Problem/einen Defekt

a Sie hören drei Durchsagen am Bahnhof. 15
Hören Sie die Durchsagen zweimal. Was ist richtig: a, b oder c?

1 Der Zug fährt
- a ☐ pünktlich ab.
- b ☐ um 18:30 Uhr ab.
- c ☐ 15 Minuten später ab.

2 Der Zug fährt heute
- a ☐ nicht.
- b ☐ um 17:55 Uhr ab.
- c ☐ von Gleis 9.

3 Der Zug fährt heute von
- a ☐ Gleis 5.
- b ☐ Gleis 6.
- c ☐ Gleis 10.

b Karim wartet immer noch auf seinen Zug. Er hört eine Durchsage. 16
Hören Sie die Durchsage einmal. Was ist richtig?

Der Zug
- a ☐ fährt heute von Gleis 4.
- b ☐ hat 10 Minuten Verspätung.
- c ☐ kommt jetzt.

TIPP
Sie müssen nicht jedes Wort verstehen!

8 Die Fahrkarten bitte!

a Hören Sie die Durchsage im Zug und sehen Sie sich die Illustration an. Was glauben Sie: Was passiert gleich? 17

b Hören Sie das Gespräch mit dem Schaffner und lesen Sie die Sätze. Ist das richtig oder falsch? 18

		✓	✗
1	Der nächste Halt ist Mannheim.	☐	☐
2	Karim soll in Stuttgart aussteigen.	☐	☐
3	Um halb eins fährt ein Zug nach Heidelberg.	☐	☐
4	Der Zug fährt von Gleis 12.	☐	☐
5	Karim muss eine Strafe bezahlen.	☐	☐

Hallo Karim, ich bin hier am Bahnhof und warte auf dich. Wo bist du? Du hast doch nicht den Bus genommen?
LG Papa

schwarzfahren = ohne (gültige) Fahrkarte fahren

9 Knifflige Wörter

Notieren Sie die Pluralformen. 19
Hören Sie dann und sprechen Sie nach.

die Reisemöglichkeit ...., der Anschlusszug ....,
der Fahrplan ...., eine technische Störung ....,
die Hin- und Rückfahrt ....

Sprachbausteine

Mit Bus und Bahn unterwegs

die Haltestelle, die Station, die Linie, der Bahnsteig, das Gleis, die Fahrkarte, die Monatskarte, der Fahrkartenautomat, der Fahrplan, die Abfahrt, die Ankunft, die Verspätung, der Anschluss
einsteigen, aussteigen, umsteigen, abfahren, ankommen, halten, verpassen, dauern

Durchsagen

Verehrte Fahrgäste ...
Vorsicht am Gleis 1. Der Zug fährt ein.
Die planmäßige Abfahrt ist um 9:15 Uhr.

Der Zug hat eine Verspätung von 20 Minuten.
Der Zug fällt aus.
Wir bitten um Entschuldigung.

Nach Informationen fragen/Informationen geben

Wann fährt der nächste Zug nach ...?	Um ... Uhr.
Muss ich umsteigen?	Ja, Sie müssen in ... umsteigen./ Nein, der Zug fährt direkt bis ....
Wann kommt der Zug an?	Um ... Uhr.
Wie lange dauert die Fahrt?	45 Minuten.
Wie viele Stationen sind das?	Drei oder vier, glaube ich.
Entschuldigung, wie komme ich zum/zur ...	Nehmen Sie die S-Bahn. Die Linie 3 fährt zum/zur ...

Grammatik

Adjektive

	Komparativ	**Superlativ**
schnell	schneller	am schnellsten
teuer	teurer	am teuersten
lang	länger	am längsten

Adjektive: unregelmäßige Formen

	Komparativ	**Superlativ**
gut	besser	am besten
gern	lieber	am liebsten
viel	mehr	am meisten

Wo?

Wo sind die Leute?
Auf dem Bahnsteig.
Auf der Straße.
Auf dem Schiff.
Auf den Straßen.

Auch mit den Präpositionen **in, an, neben, zwischen, hinter, vor**

Wohin?

Wohin gehen/fahren die Leute?
Zum Bahnhof.
Zur Bushaltestelle.
Zum Stadtbad.
Zu den Ständen.

Nach Leipzig.
In die Schweiz.

Satzbau: *deshalb*

Satz 1 +	**Satz 2**
Es regnet heute.	Deshalb fahre **ich** mit dem Bus.
Ich bin müde.	Deshalb gehe **ich** jetzt nach Hause.

Indefinitpronomen im Nominativ

der Fahrplan	Da ist **einer**/**keiner**.
die Uhr	Da ist **eine**/**keine**.
das Taxi	Da ist **eins**/**keins**.
die Zeitungen	Da sind **welche**/**keine**.

3

Unsere neue Wohnung

Z	S	O	F	A	C	T	I	S	C	H
A	Ü	N	A	C	H	B	A	R	S	B
U	M	Z	U	G	S	E	R	I	U	A
W	O	H	N	Z	I	M	M	E	R	D
K	Ü	H	L	S	C	H	R	A	N	K

1 Wohnungsanzeigen

20 **a** Hören Sie den Dialog und kreuzen Sie an. Richtig oder falsch?

		✓	✗
1	Michaela und Tayo suchen eine neue Wohnung.	☐	☐
2	Sie brauchen eine 4-Zimmer-Wohnung.	☐	☐
3	Sie schreiben eine Anzeige.	☐	☐
4	Tayo findet eine 3-Zimmer-Wohnung für 750 €.	☐	☐
5	Michaela möchte einen Besichtigungstermin.	☐	☐

b Was bedeuten die Abkürzungen? Arbeiten Sie zu zweit und erklären Sie sich die Bedeutungen gegenseitig.

EG = ...
OG = ...
DG = ...
zzgl. = ...
m²/qm = ...
WG = ...
Zi. = ...
EBK = ...

a 
Meyer Immobilien

Schöne Wohnung mit Balkon im Zentrum

Feldstraße 32, Offenbach am Main
4 Zi., EG, mit Tiefgaragen-Stellplatz
90qm - 950 € kalt, zzgl. 100 € Nebenkosten

b 
IMH Hausverwaltung

Wohnung im Neubau, sofort frei

Töpfergasse 6, Offenbach am Main
3 Zi., 3. OG, mit EBK
80qm - 750 € warm

c 
von privat

WG-Zimmer, möbliert

Kraftstraße 12, Offenbach am Main
1 Zi., DG im Altbau
$10m^2$ - 350 € warm, nur 200 € Kaution!

c Lesen Sie die Wohnungsanzeigen aus dem Internet noch einmal. Welche Wohnung wollen Tayo und Michaela besichtigen?

2 Einen Besichtigungstermin vereinbaren

21 **a** Ordnen Sie den Dialog und hören Sie dann zur Kontrolle.

▶ IMH Hausverwaltung, Hellmann, guten Tag.
▷ C
▶ Welche Wohnung meinen Sie?
▷ ....
▶ Ach so, die 3-Zimmerwohnung im Neubau mit Einbauküche.
▷ ....
▶ Ja, das sind 670 € zuzüglich 80 € Nebenkosten.
▷ ....
▶ Sie ist im 3. Obergeschoss, links. Wann möchten Sie die Wohnung besichtigen?
▷ ....
▶ Wie ist es morgen Nachmittag um 17.30 Uhr?
▷ ....
▶ Dann treffen wir uns morgen um 17.30 Uhr. Die Wohnung ist in der Töpfergasse 6.
▷ ....

- ▷ a In welchem Stockwerk befindet sich die Wohnung?
- ▷ b Morgen Nachmittag passt gut.
- ▷ c Guten Morgen, mein Name ist Michaela Fischer. Ich habe Ihre Wohnungsanzeige gelesen. Ist die Wohnung noch frei?
- ▷ d Ja, richtig. Die Wohnung kostet doch 750 € warm?
- ▷ e Mein Mann und ich sind beide berufstätig und können erst ab 17.00 Uhr.
- ▷ f Gut, vielen Dank und bis morgen.
- ▷ g Die 3-Zimmer-Wohnung für 750 €.

b Spielen Sie Dialoge.

Mieter/in	**Vermieter/in**
Ist die Wohnung noch frei?	Die Wohnung ist noch frei. Die Wohnung ist leider schon vermietet.
Kann ich die Wohnung besichtigen? Wann kann ich die Wohnung besichtigen?	Wann möchten Sie die Wohnung besichtigen? Wann können Sie die Wohnung besichtigen? Können Sie heute/morgen/um ... Uhr?
Wie hoch ist die Miete? Wie hoch sind die Nebenkosten? Wie hoch ist die Kaution?	Die Miete ist ... Euro. Die Nebenkosten sind ... Euro. Die Kaution ist ... Monatsmieten/... Euro.

3 Wohnungsbesichtigung

Lesen Sie den Dialog und ergänzen Sie.

ihm | Ihnen | dir | uns | Ihnen | Mir

Maklerin: Hier sehen Sie die Einbauküche. Wie gefällt sie ....?

Michaela: .... gefällt sie sehr gut. Tayo, gefällt sie .... auch?

Tayo: Ja, die Einbauküche ist ganz toll, aber etwas klein. In die Küche passt kein Küchentisch.

Maklerin: Das Wohnzimmer ist sehr groß. Dort ist auch Platz für einen Esstisch.

Tayo: Hm, ich weiß nicht.

Michaela: Ich glaube, das gefällt .... nicht.

Maklerin: Gefällt .... die Wohnung denn sonst?

Tayo: Ja, sie gefällt .... sonst sehr gut.

Nominativ	**Dativ**
ich	mir
du	dir
er/es	ihm
sie	ihr
wir	uns
ihr	euch
sie/Sie	ihnen/Ihnen

4 Zuerst lese ich die Wohnungsanzeigen, dann …

Bringen Sie die Sätze in die richtige Reihenfolge und ergänzen Sie.

Danach | Schließlich | ~~Zuerst~~ | ~~Zuletzt~~ | Später | Dann

- ☐ ………… besichtigen sie die Wohnung in der Töpfergasse 6.
- [6] *Zuletzt* machen sie eine große Party und laden Freunde und Nachbarn ein.
- [1] *Zuerst* lesen Michaela und Tayo die Wohnungsanzeigen.
- ☐ ………… kündigen sie ihre Wohnung und packen die Umzugskartons.
- ☐ ………… telefoniert Michaela mit dem Vermieter und vereinbart einen Besichtigungstermin.
- ☐ ………… ziehen sie in die neue Wohnung ein.

5 Der Umzug

22

a Wohin stellen/legen/hängen Michaela und Tayo die Möbel und Sachen? Hören Sie und kreuzen Sie an.

1 Sie stellen das Sofa ☐ unter das Fenster. ☐ in die Ecke.

2 Sie hängt das Bild ☐ in die Küche. ☐ über den Fernseher.

3 Er stellt die Vase ☐ auf den Tisch. ☐ in den Schrank.

4 Sie legt den Teppich ☐ in den Flur. ☐ unter den Tisch.

5 Er stellt die Bücher ☐ ins Regal. ☐ auf den Schrank.

Wohin? → Akkusativ

Wohin stellen wir die Kommode?

der Flur	in **den** Flur
die Küche	in **die** Küche
das Wohnzimmer	**ins** Wohnzimmer (in **das**)

Wohin stellen wir die Bücher?

die Regale	in **die** Regale

b Wo sind die Möbel und Sachen jetzt?

1 Das Sofa steht *unter dem* …………………… .
2 Das Bild hängt …………………… .
3 Die Vase steht …………………… .
4 Der Teppich liegt …………………… .
5 Die Bücher stehen …………………… .

Wo? • Dativ

Wo steht die Kommode?

der Flur	**im** Flur (in **dem**)
die Küche	in **der** Küche
das Wohnzimmer	**im** Wohnzimmer (in **dem**)

Wo stehen die Bücher?

die Regale	in **den** Regalen

c *Wo* oder *wohin*? Schreiben Sie die Verben aus Aufgabe a und b auf.

1 Wohin? – Verben mit Akkusativ: ……………………
2 Wo? – Verben mit Dativ: ……………………

6 *Wohin oder wo?*

a *Wohin* ➞ oder *wo* ●? Ergänzen Sie den Artikel.

Sie stellt die Lampe in .... Ecke.
auf .... Tisch.
neben .... Stuhl.
zwischen .... Betten.

Die Lampe steht in .... Ecke.
auf .... Tisch.
neben .... Stuhl.
zwischen .... Betten.

hängen

mit Akkusativ:
Tayo hängt das Bild **an die Wand**.
wer? was? wohin? ➞

mit Dativ:
Das Bild hängt **an der Wand**.
was? wo? ●

b *Wohin* ➞ oder *wo* ●? Ergänzen Sie den Artikel.

1 Tayo hängt den Spiegel an .... Wand.
2 Michaela hängt die Jacke in .... Schrank.
3 Sie legen die CDs in .... Regal.
4 Der Spiegel hängt an .... Wand.
5 Die Jacke liegt auf .... Schrank.
6 Die CDs stehen in .... Regal.

7 Wie richten wir das Schlafzimmer ein?

a Einige Möbel und Sachen sind schon da. Füllen Sie die Lücken.

1 Tayo und Michaela haben das Bett schon *an die Wand* .... gestellt.
2 Sie haben den Teppich .... gelegt.
3 Sie haben den Spiegel .... gehängt.
4 Sie haben ein Tischchen .... gestellt.

b Was fehlt noch? Wohin kommen die anderen Möbel und Sachen? Sprechen Sie.

Wohin kommen die Bücher?

Das ist doch klar! Die Bücher kommen ...

Wohin stellt Tayo ...?

Ich weiß nicht. Vielleicht ...

c Wie ist Ihre Wohnung / der Kursraum? Wo ist was? Sprechen Sie.

8 Im neuen Haus

a Schauen Sie sich das Schwarze Brett an. Markieren Sie: Wer hat die Mitteilungen geschrieben?

Töpfergasse 6

1

HAUSORDNUNG

Haustür: Von 22.00–6.00 Uhr bitte die Haustür abschließen.

Kinderwagen: Bitte keine Kinderwagen vor der Treppe oder dem Aufzug abstellen. Sie können diese neben der Hoftür und dem Kellerzugang abstellen.

Fahrräder: Bitte keine Fahrräder im Treppenhaus abstellen. Fahrräder dürfen nur im Hof an den Fahrradständern abgestellt werden.

Treppenhausreinigung: Die Treppenhausreinigung erfolgt immer dienstags ab 14.00 Uhr durch die Firma SG-Hausreinigung GmbH.

Müll: Bitte trennen Sie den Müll ordnungsgerecht. Im Hof stehen Restmüll-, Papier-, Biomüll- und Gelbe Tonnen zur Verfügung. Altglas muss gesondert entsorgt werden. Am Adenauer-Platz stehen Glascontainer zur Verfügung. Bitte beachten Sie die Einwurfzeiten.

IMH Hausverwaltung

2

Umwelt schonen – Müll trennen!

IMH Hausverwaltung

4

Sehr geehrte Hausbewohner,

die Hausverwaltung bittet dringend darum, dass der Hausmüll sorgfältig getrennt wird. Leider findet sich weiterhin Müll in den nicht vorgesehenen Tonnen (z. B. Restmüll in der Biotonne). In der Vergangenheit gab es von den Müllabfuhrbetrieben schon Beschwerden.

Vielen Dank
IMH Hausverwaltung
i. A. Peter Krause
(Hausmeister)

5

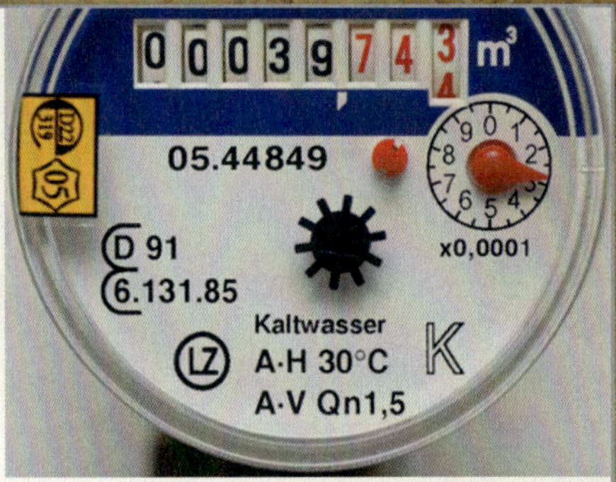

Stadtwerke
Offenbach am Main
Senefelderstraße 162
63069 Offenbach

Jahresablesung: ☒ Gas ☐ Fernwärme ☒ Wasser
Ablesebezirk: *40/2*
Straße: *Töpfergasse 6*
Datum: *10. November*
Uhrzeit: *9.00–12.00 Uhr*

Sehr geehrte Kunden,
am o. g. Datum erfolgt die Jahresablesung.
Bitte sorgen Sie für den Zugang zu den Zählern.

Mit freundlichen Grüßen
Ihre Stadtwerke

3

EINZUGSPARTY!

Liebe Mitbewohner/innen,

wir sind neu eingezogen. Unsere Einzugsparty feiern wir am Samstag, 09.10., ab 17.00 Uhr. Sie sind alle herzlich eingeladen und wir freuen uns, Sie kennenzulernen.

Michaela und Tayo Okoye

6

Liebe Mitbewohner,

wegen meines Beinbruchs kann ich meinen Hund Balu nicht zum Gassi-Spaziergang ausführen. Wer kann und möchte den Hundesitterdienst für 4 Wochen übernehmen?

Vielen Dank für die Hilfe
Erna Helbig, 2. OG rechts

b Welche Aussage passt zu welcher Mitteilung? Ordnen Sie zu.

a Frau Helbig bittet um Hilfe. ☐
b Michaela und Tayo machen eine Einweihungsparty. ☐
c Der Müll soll besser getrennt werden. ☐
d Die Verbrauchszähler werden abgelesen. ☐
e Hier sind wichtige Hausregeln. ☐
f So wird der Müll richtig getrennt. ☐

9 Nachrichten für die Nachbarn

a Lesen Sie die zwei Nachrichten auf den Zetteln rechts und kreuzen Sie an. Richtig oder falsch?

	✓	✗
1 Frau Küster fährt in Urlaub.	☐	☐
2 Familie Hansen kommt am 15.09. zurück.	☐	☐
3 Herr Krause soll die Möbel in die Wohnung bringen.	☐	☐
4 Die Lieferanten haben einen Schlüssel.	☐	☐

Liebe Frau Küster,
wir fliegen vom 03.-15.09. in Urlaub. Können Sie in der Zeit unseren Briefkasten leeren und die Blumen gießen?
Liebe Grüße und vielen Dank
Familie Hansen

Lieber Herr Krause,
übermorgen werden einige Kleinmöbel geliefert. Leider muss ich arbeiten. Können Sie bitte den Lieferanten die Wohnung aufschließen?
Vielen Dank
Dagmar Baumann

b Schreiben Sie eine Nachricht an die Nachbarn. Sie sind drei Tage nicht da. Ihre Post soll nicht im Briefkasten bleiben.

10 Die Einweihungsparty

a Lesen Sie die Nachricht und markieren Sie die Informationen: Wer? Wo? Wann? Was?

Einweihungsparty

Liebe Freunde und Verwandte,
endlich ist die Wohnung fertig! Wir möchten unseren Einzug mit euch allen am Samstag, den 09.10., ab 17.00 Uhr feiern. Reichlich nigerianisches Essen ist vorhanden. Wer kann am Freitag mit Tayo Getränke kaufen gehen? Wenn jemand noch einen Kuchen oder einen Nachtisch machen möchte, kann sie oder er mir eine E-Mail schreiben. Wir hoffen, ihr habt alle Zeit, mit uns zu feiern. Bitte schreibt uns eine kurze Nachricht zurück.
Liebe Grüße
Michaela und Tayo

b Ihre Partnerin/Ihr Partner versteht einige Wörter in der Nachricht nicht. Helfen Sie ihr/ihm und erklären Sie mit Beispielen, was die Wörter *Getränke*, *Kuchen* und *Nachtisch* bedeuten.

c Schreiben Sie Michaela und Tayo eine Antwortmail.

Sie kommen.	Sie können leider nicht kommen.
Ich komme (sehr) gern. Ich freue mich auf die Party/Feier. Ich komme erst ab ... Uhr. Ich mache noch einen/eine/ein ... Kann ich meinen Freund/meine Freundin mitbringen?	Es tut mir leid, aber ich kann nicht kommen. Ich kann leider nicht kommen, weil ... Ich muss leider ... machen/arbeiten. Ich habe eine Verabredung/Einladung. Ich wünsche euch viel Spaß. Liebe Grüße und bis bald

d Schreiben Sie Einladungen zur Einweihungs-, Geburtstagsparty etc.
Tauschen Sie die Zettel im Kurs aus und antworten Sie auf die Einladung.

Sprachbausteine

Abkürzungen Wohnungsanzeigen

EG = Erdgeschoss	m²/qm = Quadratmeter
OG = Obergeschoss	Zi. = Zimmer
DG = Dachgeschoss	EBK = Einbauküche
zzgl. = zuzüglich	WG = Wohngemeinschaft

Einen Besichtigungstermin vereinbaren

Ist die Wohnung noch frei?

Kann ich die Wohnung besichtigen?

Wie hoch ist die Miete?
Wie hoch sind die Nebenkosten?
Wie hoch ist die Kaution?

Grammatik

Wechselpräpositionen

in, an, auf, unter, über, vor, hinter, neben, zwischen

Zeitenfolge

zuerst | dann | danach | später | schließlich | zuletzt

Wohin? →		**Wo? •**	
stellen, legen, setzen, hängen, gehören, kommen		stehen, liegen, sitzen, hängen, sein	
Wohin? → Akkusativ		**Wo? • Dativ**	
Wohin stellen wir die Kommode?		Wo steht die Kommode?	
der Flur	in **den** Flur	**der** Flur	**im** Flur (in **dem**)
die Küche	in **die** Küche	**die** Küche	in **der** Küche
das Wohnzimmer	**ins** Wohnzimmer (in **das**)	**das** Wohnzimmer	**im** Wohnzimmer (in **dem**)
Wohin stellen wir die Bücher?		Wo stehen die Bücher?	
die Regale	in **die** Regale	**die** Regale	in **den** Regalen

Kommen* und *gehören

Nominativ **Akkusativ**	**Nominativ**
Wohin stellen wir die Kommode?	Wohin **kommt** die Kommode?
Wohin hängen wir das Bild?	Wohin **gehört** das Bild?

Personalpronomen im Dativ

Nominativ	**Dativ**	**Nominativ**	**Dativ**
ich	mir	wir	uns
du	dir	ihr	euch
er/es	ihm	sie/Sie	ihnen/Ihnen
sie	ihr		

Auf dem Amt

Ausländeramt

Arbeitsagentur

Amt

...

1 Wer ist zuständig?

a Ana und Christian Schmidt möchten einen Antrag auf Kindergeld stellen. Aber wo?

Morgen beantragen wir Kindergeld.

Ana und Christian Schmidt mit Sohn Maksim

der Antrag = eine offizielle Bitte
einen Antrag auf (Kindergeld) **stellen** = (Kindergeld) **beantragen**

das Amt – die Ämter
die Behörde – die Behörden
zuständig = Wer macht das? Wo bin ich richtig?

Lesen Sie die Information. Wo können die Schmidts Kindergeld beantragen? Welches Amt ist zuständig?

- ☐ das Einwohnermeldeamt
- ☐ das Standesamt
- ☐ die Agentur für Arbeit

TIPP
Sie müssen nicht jedes Wort verstehen.

Ämter und Behörden		**Stadt Frankfurt**
Einwohnermeldeamt	An- und Abmeldung Ausweise	Anmeldung in Frankfurt (nach Umzug), Abmeldung aus Frankfurt Personalausweise/Reisepässe Parkausweise
Kfz-Zulassungsstelle		Fahrzeug anmelden oder abmelden
Standesamt	Eheschließungen, Geburten Urkunden	Eheschließungen (Heirat) anmelden, Geburten melden Geburtsurkunden/Heiratsurkunden
Agentur für Arbeit	Arbeitsvermittlung Berufsinformationszentrum Arbeitslosengeld Familienkasse	Arbeitsplatz/Ausbildungsplatz finden Berufsberatung für Jugendliche und Erwachsene Arbeitslosengeld Kindergeld
Ausländerbehörde	Aufenthalt in Deutschland Integration	Aufenthaltserlaubnis, Studium Integrationskurse, Orientierungskurse

Wenn Sie Fragen haben, rufen Sie uns an. Unser Service-Team hilft Ihnen gerne. Tel.: 0224 828800
Formulare können Sie hier herunterladen >> Formulare

b Wer ist zuständig? Lesen Sie die Informationen noch einmal und verbinden Sie.

1 Sie suchen eine neue Arbeit. — Agentur für Arbeit
2 Sie möchten bald heiraten.
3 Sie brauchen Informationen zu Sprachkursen.
4 Sie möchten in eine andere Stadt ziehen.

Ausländeramt
Einwohnermeldeamt
Agentur für Arbeit
Standesamt

Wir sagen „Agentur für Arbeit“ oder „Arbeitsagentur“.

Das Familienbuch ist seit 2009 digital und heißt „Personenstandsregister“. Wer davor geheiratet hat, hat noch ein Familienbuch.

c Welche Dokumente sind das?

Führerschein | Geburtsurkunde | Reisepass | Familienbuch

1 

2 

3 

4 

Wichtige Dokumente
Wir sagen auch **„Papiere“** oder **„Unterlagen“**.

2 Ich brauche eine Auskunft.

> eine **Auskunft** =
> eine Information, eine Antwort auf eine Frage

Ana und Christian haben einige Fragen. Deshalb ruft Ana bei der Stadt Frankfurt an. Sie spricht mit Katharina Ahrens.

a Das Gespräch hat zwei Teile. Hören Sie Teil 1 und lesen Sie die Sätze. Ist das richtig oder falsch? 23

		✓	✗
1	Die Familienkasse ist in der Arbeitsagentur im zweiten Stock.	☐	☐
2	Die Arbeitsagentur ist neben dem Theater.	☐	☐
3	Die Familienkasse ist donnerstags bis 16 Uhr geöffnet.	☐	☐
4	Man braucht keinen Termin.	☐	☐

Immer muss man eine Nummer ziehen.

b Hören Sie jetzt Teil 2. Was sagt Frau Ahrens? Kreuzen Sie an. 24

1 Wenn Sie einen Antrag stellen möchten, müssen Sie zur Familienkasse gehen. ☐
2 Wenn Sie Kindergeld beantragen möchten, müssen Sie ein Formular ausfüllen. ☐
3 Wenn Sie kein Internet haben, können Sie das Formular auch hier abholen. ☐
4 Wenn Sie einen Computer haben, können Sie das Formular herunterladen. ☐
5 Wenn Sie Hilfe brauchen, rufen Sie noch einmal an. ☐
6 Wenn Sie Probleme haben, fragen Sie bei der Familienkasse nach. ☐

3 *Wenn ..., (dann) ...*

> **Wenn** Sie Fragen haben, (dann) rufen Sie an!
> Rufen Sie an, **wenn** Sie Fragen haben!

a Was passt zusammen? Lesen Sie und verbinden Sie.

1 Wenn Sie eine Aufenthaltserlaubnis haben,
2 Wenn Sie ein Auto anmelden möchten,
3 Wenn Sie eine Arbeitserlaubnis haben,
4 Wenn Sie Internet haben,
5 Wenn Sie das Formular nicht verstehen,
6 Wenn Sie einen Sprachkurs machen möchten,

a können Sie den Antrag online ausfüllen.
b (dann) können Sie zur VHS gehen.
c müssen Sie zur Zulassungsstelle gehen.
d (dann) fragen Sie einen Mitarbeiter.
e können Sie in Deutschland studieren.
f (dann) dürfen Sie in Deutschland arbeiten.

b Drehen Sie die Sätze um und schreiben Sie. Hören Sie dann zur Kontrolle. 25

1 Sie können in Deutschland studieren, wenn Sie eine Aufenthaltserlaubnis haben.
2 Sie müssen ...

....

....

....

....

....

....

4 Familie Schmidt und ihre Angehörigen

a Das ist Maksims Familie. Wer ist wer?
Arbeiten Sie zu zweit und beschreiben Sie die Familie.

Mutter = Mama	Großmutter = Oma
Vater = Papa	Großvater = Opa

Ana ist Maksims Mutter …

Maksims Mutter =
die Mutter **von Maksim**

die Großmutter
der Großvater
die Großeltern
der Vater, die Mutter
die Eltern
der Onkel, die Tante
der Cousin, die Cousine

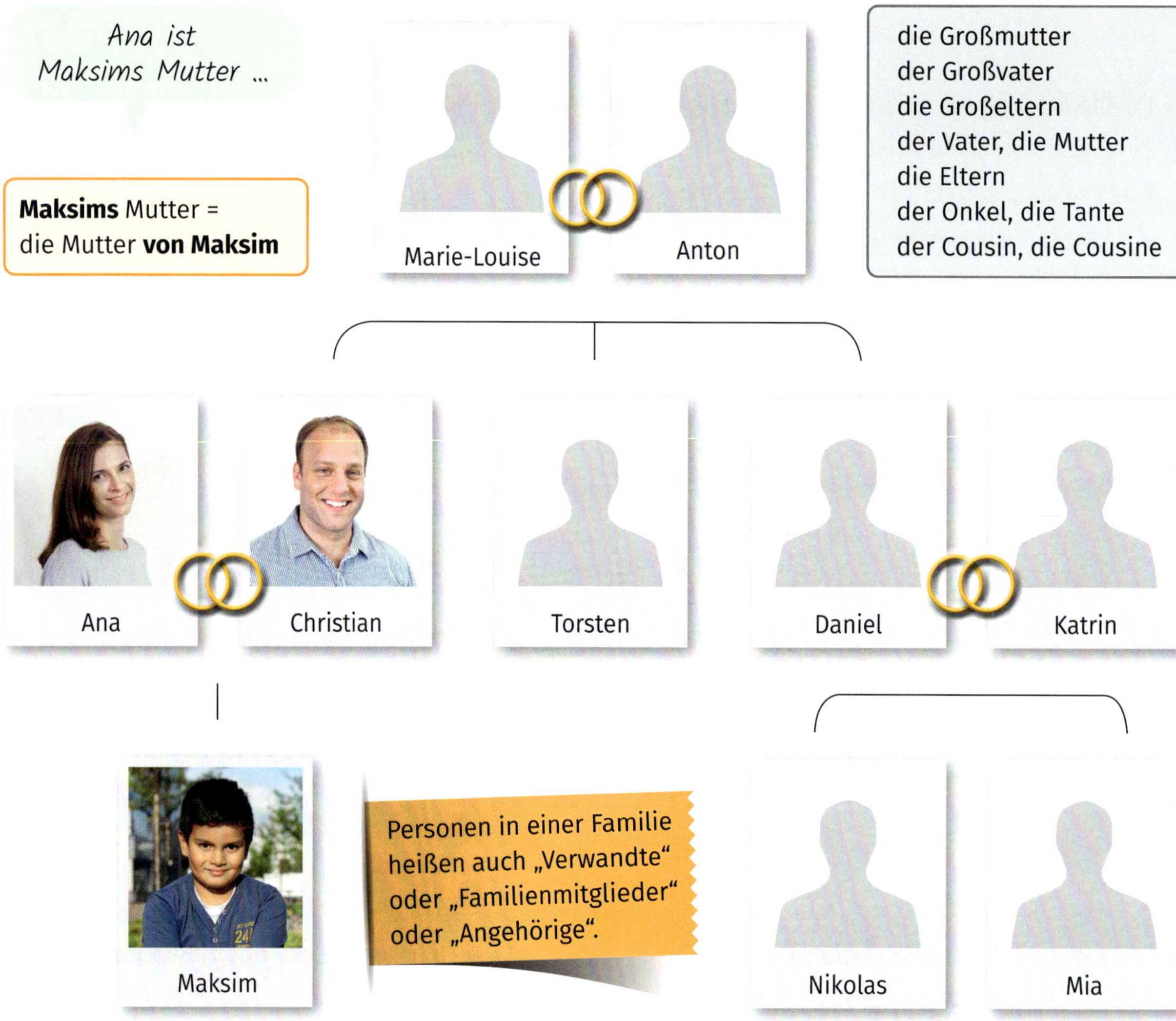

Personen in einer Familie heißen auch „Verwandte“ oder „Familienmitglieder“ oder „Angehörige“.

b Ergänzen Sie.

1 Katrin ist Anas ....
2 Maksim ist Katrins ....
3 Marie-Louise ist Katrins ....
4 Nikolas und Mia sind die ....
von Marie-Louise und Anton.
5 Mia ist Nikolas' Schwester. Mia und Nikolas sind ....

der Schwiegervater, die Schwiegermutter
die Schwiegereltern
der Bruder, die Schwester, die Geschwister
der Schwager, die Schwägerin
der Enkel, die Enkelin, die Enkelkinder
der Neffe, die Nichte

Nikolas' Schwester

c Schreiben Sie drei Sätze über Maksim und drei Sätze über Katrin.
Vergleichen Sie im Kurs.

d Und Sie? Wie groß ist Ihre Familie? Wie viele Geschwister haben Sie? Wie viele Tanten und Onkel haben Sie? Nichten und Neffen? Cousinen und Cousins? Haben Sie Angehörige in Deutschland, Österreich oder der Schweiz? Erzählen Sie im Kurs.

5 Haben wir alles?

a Hören Sie und ergänzen Sie.

26

Formular
Maksims Geburtsurkunde
Ausweise

alles | alles | etwas | etwas | nichts

Ana: Christian, hast du Maksims Geburtsurkunde?
Christian: Ja, ich habe die Geburtsurkunde und das Formular. Brauchen wir noch ___1___?
Ana: Einen Moment. Ich schaue nach. Ich habe ___2___ notiert.
Die Ausweise! Wir müssen unsere Ausweise mitbringen.
Christian: Ach ja, stimmt. Ist das dann ___3___? Oder haben wir ___4___ vergessen?
Ana: Nein, wir haben ___5___ vergessen. Wir können jetzt losfahren.

b Lesen Sie und ergänzen Sie:

alles | etwas | nichts

1 Entschuldigung, kann ich Sie ______ fragen?
2 Ich habe ______ gelesen, aber ich verstehe einige Wörter nicht.
3 Wenn ich ______ nicht verstehe, frage ich nach.
4 Der Parkplatz hier ist kostenlos. Wir müssen ______ bezahlen.
5 Ich verstehe das nicht. Können Sie bitte ______ noch einmal erklären?

6 Kann ich Sie etwas fragen?

Wir sagen auch:
Darf ich Sie etwas fragen?

a Welche Sätze sind ähnlich? Ordnen Sie zu und schreiben Sie.

1 Entschuldigung. = ______
2 Kann ich Sie etwas fragen? = ______
3 Ich verstehe das Wort nicht. = ______
4 Können Sie das bitte wiederholen? = ______
5 Buchstabieren Sie bitte. = ______

Ich habe eine Frage. | Wie schreibt man das? | Noch einmal, bitte. | Entschuldigen Sie bitte. | Was bedeutet das Wort?

b Welche Sätze aus Übung 6a benutzt die Frau?
Hören Sie und ergänzen Sie.

27

▶ Guten Tag. ___1___
▷ Ja, natürlich.
▶ Ich möchte einen Antrag auf Kindergeld stellen. Bin ich hier richtig?
▷ Ja, kommen Sie herein. Haben Sie einen Lichtbildausweis dabei?
▶ ___2___
▷ Haben Sie einen Lichtbildausweis dabei?
▶ Entschuldigung. ___3___
▷ Ein Lichtbildausweis ist ein Ausweis mit Foto.
▶ Ach so, jetzt verstehe ich. Hier ist mein Reisepass.

Amtsdeutsch
Ämter und Behörden benutzen oft schwierige Wörter, zum Beispiel „Lichtbildausweis".

7 Eine Reise nach Deutschland

a Lesen Sie den Text über Nurmala und kreuzen Sie an. Richtig oder falsch?

Hallo, ich bin Nurmala Susanto! Ich bin am 02. Januar 2004 in Indonesien geboren, in der Hauptstadt Jakarta. Hier gehe ich zur Schule. Aber nicht mehr lange, bald bin ich Studentin! Im Moment weiß ich noch nicht, was ich studieren möchte – und wo. Meine Tante Melisa lebt seit 17 Jahren in Deutschland. Sie hat einen deutschen Mann geheiratet und die beiden wohnen mit ihrer Tochter Claudia in Köln. Und bei ihnen mache ich im Sommer Urlaub! Natürlich will ich nicht nur Köln sehen. Ich möchte sechs Wochen lang durch Deutschland und Europa reisen. Österreich und die Schweiz interessieren mich sehr. Und ich möchte nach Frankreich. Ich muss unbedingt Paris sehen – die Stadt der Liebe! Für meine Reise brauche ich ein Visum. Das kann ich online beantragen.

		✓	✗
1	Nurmala studiert in Jakarta.	☐	☐
2	Ihre Tante Melisa wohnt in Österreich.	☐	☐
3	Nurmala möchte nur durch Deutschland reisen.	☐	☐
4	Den Antrag auf ein Visum kann sie online stellen.	☐	☐

b Nurmala möchte das Formular auf Deutsch ausfüllen. Ihre Tante hilft ihr. Was passt zusammen? Verbinden Sie die Nachrichten.

> Brauchen Sie ein Visum für Deutschland?
> Informieren Sie sich:
> *www.auswaertiges-amt.de.*

A Hallo Tante Melisa, ich fülle heute das Formular für das Visum aus! Auf Deutsch natürlich. 😆 Aber ich verstehe nicht alles. Zum Beispiel „Familienstand“. Was bedeutet das?

B Verstehe. Also schreibe ich „Single“?

C Ok, ich bin also ledig. Und was ist der „Geburtsname“?

D Aha! Und was ist der „Geburtsort“? Schreibe ich da Indonesien?

E Ok, letzte Frage: Bei „Geschlecht“ gibt es „männlich“, „weiblich“ und „unbestimmt“. Was heißt das denn? 🤔

F Gut, dann warte ich auf Claudia! Vielen, vielen Dank! Hoffentlich lehnt man meinen Antrag nicht ab. 😱 Ich freue mich sehr auf euch alle! 😍

1 Das ist der frühere Name. Da schreibst du nichts. Bei mir ist das anders: Ich bin seit 17 Jahren Frau Schuhmann und nicht mehr Frau Susanto! 😉

2 Mh...ich glaube, das Thema soll dir Claudia erklären, wenn sie aus der Schule kommt.

3 Gerne! 😆 Ach was, man genehmigt sicher deinen Antrag! Und wenn du noch Hilfe brauchst, sag Bescheid! 😍

4 Nein, in einem Formular schreibt man „ledig“, für nicht verheiratet.

5 Super, Üben ist wichtig! 👍 „Familienstand“ – also das ist die Frage, ob du verheiratet bist.

6 Nein, Indonesien ist das Geburtsland. Unser Geburtsort ist Jakarta.

c Nurmalas Cousine Claudia schickt ihr eine Sprachnachricht. Hören Sie: Was bedeutet der Begriff „unbestimmt“ oder „divers“ in einem Formular? Sprechen Sie im Kurs. 28

d Unten sehen Sie Teile von Nurmalas Antrag auf ein Visum. Das Online-Formular ist noch nicht vollständig. Einige Informationen fehlen. Lesen Sie den Text und die Nachrichten noch einmal und ergänzen Sie.

fehlen = sind nicht da

Angaben zur Person

Personendaten des/der Antragstellenden

*** Familienname:**	Geburtsname:	*** Vorname(n):**
*** Geburtsdatum (TT.MM.JJJJ):**	*** Geburtsort:**	*** Geburtsland:**
*** Geschlecht:**	*** Familienstand:**	
*** Staatsangehörigkeit:**		

Einladende Person

*** Familienname:**	Frühere Namen:	*** Vorname(n):**
Geschlecht:	Geburtsdatum (TT.MM.JJJJ):	Geburtsort:
	09.11.1987	
Staatsangehörigkeit:	*** Straße:**	*** Hausnummer:**
Deutschland	Duisburger Straße	43
*** Postleitzahl:**	*** Ort:**	*** Land:**
50735		
Telefon-/Mobilfunknummer:	E-Mail:	
01501223****	MELISASCHUHMANN@***.DE	

8 Knifflige Wörter

Ergänzen Sie die Vokale und Umlaute (a, e, i, o, u, ä, ö, ü). Hören Sie dann und sprechen Sie nach. 29

das …ntr…gsf…rm…l…r – die St……ts…ng…h…r…gk…t – m…nnl…ch – w……bl…ch – d…v…rs –
das G…b…rtsd…t…m – fr…h…r… N…m…n – die F…m…l……nm…tgl……d…r – die G…schw…st…r –
der Schw…g…r – die Schw…g…r…n – die Schw……g…r…lt…rn – das ……nw…hn…rm…ld……mt –
die Kfz-Z…l…ss…ngsst…ll…

Sprachbausteine

Ämter und Behörden

das Finanzamt, das Einwohnermeldeamt,
das Standesamt, die Agentur für Arbeit,
die Ausländerbehörde, die Kfz-Zulassungsstelle

Auf dem Amt

eine Nummer ziehen und warten
einen Antrag stellen/etwas beantragen
ein Formular ausfüllen/unterschreiben
Unterlagen abholen/abgeben/mitbringen

Familie

der Großvater, die Großmutter (die Großeltern),
der Schwager, die Schwägerin, der Onkel, die Tante,
der Neffe, die Nichte, der Cousin, die Cousine,
der Schwiegervater, die Schwiegermutter (die Schwiegereltern),
die Geschwister

Nachfragen

Ich brauche eine Auskunft.
Kann/Darf ich Sie etwas fragen?
Können Sie das bitte erklären?
Können Sie das bitte wiederholen?
Was bedeutet das?

Formulare

der Familienname, der Vorname, der Geburtsname, das Geburtsdatum, der Geburtsort, das Geburtsland, der Wohnort, das Geschlecht, männlich, weiblich, die Staatsangehörigkeit, die Unterschrift

vollständig ausfüllen, ankreuzen, unterschreiben

Grammatik

Genitiv bei Namen

Anna:	Katrin ist Anna**s** Mutter.
Katrin:	Anna ist Katrin**s** Tochter.
Nikolas:	Katrin ist Nikola**s'** Mutter.

alles, etwas, nichts

Verstehen Sie **alles**?
Darf ich Sie **etwas** fragen?
Wir haben **nichts** vergessen.

Hauptsatz und Nebensatz

Sie können das Formular hier abholen, wenn **Sie** kein Internet haben.
Hauptsatz — *Nebensatz*

Wenn **Sie** kein Internet haben, können **Sie** das Formular hier abholen.
Nebensatz — *Hauptsatz*

Schule, und dann?

Was haben Sie nach Ihrer Schulzeit gemacht?

Studieren Sie? Machen Sie eine Ausbildung oder ein Praktikum?

Warum haben Sie sich so entschieden?

KURSPROGRAMM
September – Dezember

Anmeldung: 557-7700-0

1 Beratung: Dietmar Schulte — Zimmer 19 | Tel. 557-7700-6

Gut organisiert im Büro
Chaos am Arbeitsplatz? Das muss nicht sein. Hier lernen Sie Strategien und Tricks für eine perfekte Büroorganisation. Computerkenntnisse erforderlich.
Di. 17.00 – 18.30, ab 07.09., *Tanja Wellbrock*

Zeitmanagement kompakt
Workshop am Samstag: Terminplanung, Arbeitsorganisation, Anti-Stress-Training. Das Lehrmaterial ist in der Kursgebühr enthalten.
Sa. 11.00 – 16.00, 04.09., *Andreas Brandel*

Die perfekte Bewerbung
Themen: Wie finde ich einen Ausbildungs- oder Arbeitsplatz? Was gehört in die Bewerbungsunterlagen? Wie schreibe ich eine Online-Bewerbung?
Mi. 16.30 – 18.00, ab 08.09., *Thorsten Buchholz*

2 Beratung: Christina Haase — Zimmer 14 | Tel. 557-7700-2

Spanisch für den Urlaub
Für Teilnehmer/innen ohne Vorkenntnisse. Hier trainieren Sie Situationen am Flughafen, im Hotel, im Restaurant und beim Einkaufen.
Fr. 16.30 – 18.00, ab 03.09., *Paula Moreno*

Englisch für alle
Kommunikation auf Englisch – kein Problem! Alle vier Fertigkeiten trainieren. Lehrbuch: telc English Practice Material A2-B1, www.telc.net/shop
Mi. 18.30 – 20.00, ab 01.09., *Harry Whitman*

Prüfungstraining Deutsch
Zur Vorbereitung auf den *Deutsch-Test für Zuwanderer A2-B1*. Am Kursende können Sie die Prüfung ablegen (separate Anmeldung erforderlich).
Mo. 13.30 – 16.00, ab 06.09., *Paula Kruse*

3 Beratung: Martina Brüning — Zimmer 17 | Tel. 557-7700-5

Mi. 18.30 – 21.00, ab 08.09.

1 Wer ist wie lange in Deutschland?

30 **a** Karim, Sandro und Stefan wohnen in einer Wohngemeinschaft. Stefan erzählt. Hören Sie und ergänzen Sie.

seit | seit | seit | vor | vor

Sandro ist ...1... drei Jahren nach Deutschland gekommen. Wir sind gute Freunde und wohnen schon ...2... zwei Jahren zusammen in der WG. Karim ist noch neu hier. Er ist ...3... acht Monaten nach Deutschland gekommen und wohnt erst ...4... April bei uns. Ach ja, ich bin am längsten hier. ...5... 26 Jahren lebe ich in Deutschland.

vor + Dativ ↓
vor einem Monat

seit + Dativ →
seit einem Monat

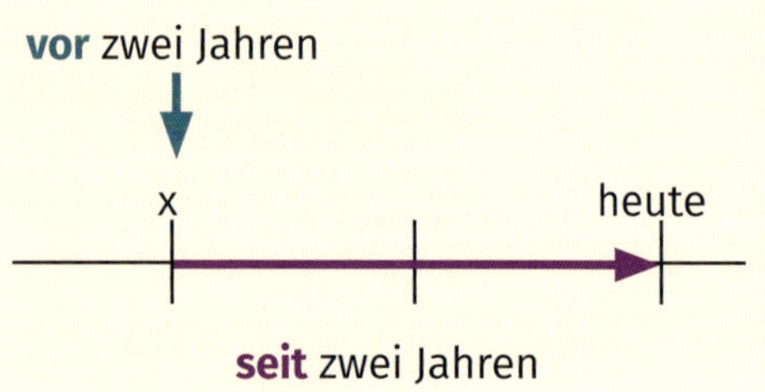

Ich bin **vor zwei Jahren** nach Deutschland gekommen.
vor acht Wochen/vor einem Jahr

Ich lebe **seit zwei Jahren** in Deutschland.
seit acht Wochen/seit einem Jahr/seit 1992/
seit April

31 **b** Karim, Sandro und Stefan stellen sich vor. Lesen Sie zuerst die Fragen. Hören Sie dann die Texte und kreuzen Sie an.

		Karim	Sandro	Stefan
1	Wer kommt aus Bolivien?	☐	☐	☐
2	Wer kommt aus Syrien?	☐	☐	☐
3	Wer ist erst seit acht Monaten in Deutschland?	☐	☐	☐
4	Wer ist in Deutschland zur Schule gegangen?	☐	☐	☐
5	Wer ist Krankenpfleger von Beruf?	☐	☐	☐
6	Wer macht eine Ausbildung zum Techniker?	☐	☐	☐
7	Wer hat noch keine Arbeit in Deutschland?	☐	☐	☐
8	Wer hat ein Praktikum gemacht?	☐	☐	☐

Hören Sie noch einmal zur Kontrolle.

c Lesen Sie und variieren Sie.

▶ **Wann** hast du mit dem Deutschkurs angefangen?
▷ **Vor acht Monaten**. Und du? **Seit wann** lernst du Deutsch?
▶ **Seit einem Jahr.** Und **seit wann** bist du im A2-Kurs?
▷ **Seit zwei Monaten.**

2 Schule und Ausbildung – wie funktioniert das?

a Karim fragt nach. Hören Sie und lesen Sie den Text noch einmal. 32

> **der Schulabschluss** = Man macht eine Prüfung und die Schule ist zu Ende.
> **abschließen** = zu Ende machen, beenden

Karim: Sag mal, Stefan, wie lange müssen die Kinder hier zur Schule gehen?
Stefan: Mindestens neun Jahre. Die meisten Kinder gehen aber zehn oder zwölf Jahre zur Schule.
Karim: Welchen Abschluss macht man nach zehn Jahren?
Stefan: Den mittleren Schulabschluss, wir sagen auch „Realschulabschluss". Nach zwölf oder 13 Jahren macht man das Abitur. Das ist der höchste Abschluss. Wenn du das Abitur hast, kannst du an der Universität studieren. Du kannst aber auch eine Berufsausbildung machen.
Karim: Und wie funktioniert das, wenn ich eine Ausbildung machen möchte?
Stefan: Du musst zuerst einen Ausbildungsplatz finden, also eine Firma, die dich ausbildet. Dann arbeitest du dort und lernst den Beruf. Außerdem gehst du zur Berufsschule.
Karim: Berufsschule? Ich muss arbeiten und zur Schule gehen?

Stefan: Ja, genau. In der Firma lernst du die praktische Arbeit und in der Berufsschule die Theorie.
Karim: Ich verstehe. Und wie lange dauert die Ausbildung?
Stefan: Meistens drei Jahre. Manchmal kann man die Ausbildung aber schon nach zwei Jahren abschließen. Am Ende musst du eine Prüfung machen. Wenn du die Prüfung schaffst, bekommst du ein Zeugnis. Und dann bist du fertig.
Karim: Du meinst, ich muss nie wieder lernen und zur Schule gehen?
Stefan: Na ja, du kannst auch eine Weiterbildung machen und noch mehr lernen ...
Karim: Puh, ich weiß noch nicht. Jetzt trinken wir erst mal was. Prost!
Stefan: Zum Wohl! Auf das Leben, nicht auf die Arbeit!

> die Schule besuchen = zur Schule gehen

b Ist das richtig oder falsch?

		✓	✗
1	In Deutschland muss man mindestens neun Jahre die Schule besuchen.	☐	☐
2	„Abitur" ist ein anderes Wort für „Realschulabschluss".	☐	☐
3	Nach neun Jahren kann man den mittleren Schulabschluss machen.	☐	☐
4	Wenn man studieren möchte, braucht man das Abitur.	☐	☐
5	Die Berufsausbildung dauert immer drei Jahre.	☐	☐

c Was passt nicht? Streichen Sie das falsche Wort durch.

1 einen Schulabschluss finden | haben | machen
2 eine Ausbildung abschließen | machen | lernen
3 eine Prüfung besuchen | machen | schaffen

> Wir sagen „Abitur" oder kurz „Abi".
> Genauso: „Universität" oder „Uni"

d Ihre Partnerin/Ihr Partner weiß nicht, wie eine Ausbildung in Deutschland funktioniert. Erklären Sie es ihr/ihm. Versuchen Sie, den Text in 2a nicht zu lesen.

> Zuerst muss man einen Ausbildungsplatz finden.
> Dann ...
> Danach ...
> Am Ende ...

3 Und so ist das bei uns!

Wie lernt man in Ihrem Land einen Beruf?
Gibt es Unterschiede zu Deutschland?
Sprechen Sie mit Ihrer Partnerin/Ihrem Partner.

4 Drei Lebenswege

33 **a** Lesen Sie den Text 1 und hören Sie.

TEXT 1: Sandro

In Bolivien habe ich ein Mädchen aus Deutschland kennengelernt. Sie hat dort als Au-pair gearbeitet. Wir waren verliebt, sind zusammen nach Deutschland gegangen und haben ganz schnell geheiratet – zu schnell. Nach zwei Jahren haben wir uns getrennt, aber ich bin in Deutschland geblieben. Ich habe meinen Deutschkurs abgeschlossen und habe dann einen Ausbildungsplatz gesucht. Das war nicht einfach, aber ich hatte Glück. Letztes Jahr im Mai habe ich ein Praktikum bei einer Computerfirma gemacht. Mein Chef war sehr zufrieden mit meiner Arbeit. Er hat mir einen Ausbildungsplatz angeboten und im August habe ich meine Ausbildung zum Techniker angefangen.

Markieren Sie die Perfektformen und vergleichen Sie im Kurs.

Perfekt – Das kennen Sie schon:

ge + t/et
suchen – Ich habe gesucht.
arbeiten – Ich habe gearbeitet.

ge + en
gehen – Ich bin gegangen.

Perfekt der trennbaren Verben

an | fangen	Ich fange an. Ich habe die Ausbildung angefangen.
(!) Manchmal ändert sich ein Vokal:	
ab | schließen	Ich schli**e**ße ab. Ich habe den Kurs abgeschl**o**ssen.
an | bieten	Er bi**e**tet an. Er hat ... angeb**o**ten.

34 **b** Lesen Sie Text 2 und ergänzen Sie. Hören Sie dann und prüfen Sie.

gelernt | kennengelernt | gedauert | gekommen | gemacht | angefangen | gereist

TEXT 2: Stefan

Als Kind habe ich zwei Jahre mit meinen Eltern in Schweden gelebt. Da war ich vier Jahre alt. Mit sechs Jahren bin ich in Deutschland in die Schule ________ (1). Ich hatte viele Freunde und habe gern ________ (2). Nach zehn Jahren Schule habe ich den Realschulabschluss ________ (3). Danach bin ich ein halbes Jahr mit dem Zug durch Europa ________ (4). Das war genial! Ich war in Frankreich, Dänemark, Italien und in der Schweiz. Unterwegs habe ich viel gesehen und viele Leute ________ (5). Dann bin ich aber zurück nach Deutschland gekommen und habe ein „normales" Leben ________ (6). Ich habe im städtischen Krankenhaus eine Ausbildung zum Krankenpfleger gemacht. Das hat drei Jahre ________ (7). Danach habe ich eine kaufmännische Weiterbildung gemacht. Jetzt arbeite ich mehr im Büro und habe weniger Nachtdienst. Das gefällt mir gut. Ich bin mit meiner Arbeit zufrieden.

c Lesen Sie Text 3 und hören Sie. Ergänzen Sie dann die Perfektformen. 35

TEXT 3: Karim

Ich habe in Syrien die Schule besucht. Nach dem Abitur habe ich zuerst ein Studium angefangen, aber ich habe keinen Abschluss. Mein Traumberuf war Architekt. Ich habe zwei Semester Architektur studiert. Dann ist viel passiert: Mein Vater hat seine Arbeit verloren und meine Mutter hatte einen Autounfall. Das war schlimm. Die Familie hatte plötzlich kein Geld mehr. Also habe ich mir einen Job gesucht und Geld verdient. Zuerst habe ich in einem Hotel gejobbt und dann wurde das Leben in Syrien immer schwieriger. Meine Eltern, Geschwister und ich mussten fliehen und sind jetzt alle in Deutschland. Ich möchte in Deutschland ein neues Leben anfangen. Stefan und Sandro haben mir schon erklärt, wie alles funktioniert. Hoffentlich finde ich auch bald eine Arbeit.

1 besuchen – Ich habe ……………………
2 studieren – Ich habe ……………………
3 passieren – Es ist viel ……………………
4 verlieren – Er hat ……………………
5 verdienen – Ich habe ……………………
6 erklären – Sie haben ……………………

Wir benutzen oft das englische Wort „Job“ für „Arbeit“. Wir sagen auch „Ich habe gejobbt.“

Perfekt ohne ge-

Das kennen Sie schon: Verben auf **-ieren**
telefon<u>ieren</u> – Ich habe telefon<u>iert</u>.

d Lesen Sie die Texte noch einmal und schreiben Sie zu jedem Text drei Sätze. Die Sätze können richtig oder falsch sein.

Sandro hat eine Ausbildung zum Techniker angefangen. (richtig)
Karim hat sein Studium abgeschlossen. (falsch)

e Tauschen Sie die Sätze im Kurs und lesen Sie. Sind die Sätze richtig oder falsch? Korrigieren Sie gemeinsam die falschen Sätze.

5 Mein Bildungsweg

a Lesen Sie die Fragen und die Antworten. Was passt zusammen?

1	Wo bist du zur Schule gegangen?	a	Ja. Ich habe eine Lehre zum Frisör gemacht.
2	Wie lange bist du zur Schule gegangen?	b	Vor zwei Jahren.
3	Welchen Schulabschluss hast du?	c	In Deutschland.
4	Hast du einen Beruf gelernt?	d	Zehn Jahre.
5	Wann hast du deine Ausbildung abgeschlossen?	e	Den mittleren Schulabschluss.

b Schreiben Sie einen Text über Ihren Bildungsweg.

Ich habe eine Ausbildung **zum** Techniker gemacht.
Ich habe **bei** Firma XY gearbeitet.
Zuerst habe ich ... **Dann** ... **Danach** ...
Nach/vor (+ Dativ): Nach der Schule, vor der Ausbildung, nach dem Studium

6 Weiterbildung für Beruf und Alltag

TIPP
Sie müssen nicht jedes Wort verstehen.

a Lesen Sie und ergänzen Sie die Überschriften im Kursprogramm.

KOCHEN | BERUFLICHE WEITERBILDUNG | GESUNDHEIT & FITNESS | SPRACHEN

KURSPROGRAMM September – Dezember	Anmeldung: 557 7700-0
1 Beratung: Dietmar Schulte Zimmer 19 | Tel. 557 7700-6	
Gut organisiert im Büro Chaos am Arbeitsplatz? Das muss nicht sein. Hier lernen Sie Strategien und Tricks für eine perfekte Büroorganisation. Computerkenntnisse erforderlich.	Di. 17.00 – 18.30 ab 07.09. *Tanja Wellbrock*
Zeitmanagement kompakt Workshop am Samstag: Terminplanung, Arbeitsorganisation, Anti-Stress-Training. Das Lehrmaterial ist in der Kursgebühr enthalten.	Sa. 11.00 – 16.00 04.09. *Andreas Brandel*
Die perfekte Bewerbung Themen: Wie finde ich einen Ausbildungs- oder Arbeitsplatz? Was gehört in die Bewerbungsunterlagen? Wie schreibe ich eine Online-Bewerbung?	Mi. 16.30 – 18.00 ab 08.09. *Thorsten Buchholz*
2 Beratung: Christina Haase Zimmer 14 | Tel. 557 7700-2	
Spanisch für den Urlaub Für Teilnehmer/-innen ohne Vorkenntnisse. Hier trainieren Sie Situationen am Flughafen, im Hotel, im Restaurant und beim Einkaufen.	Fr. 16.30 – 18.00 ab 03.09. *Paula Moreno*
Englisch für alle Kommunikation auf Englisch – kein Problem! Alle vier Fertigkeiten trainieren. Lehrbuch: telc English Practice Material A2-B1, www.telc.net/shop	Mi. 18.30 – 20.00 ab 01.09. *Harry Whitman*
Prüfungstraining Deutsch Zur Vorbereitung auf den Test *Zertifikat Deutsch/telc Deutsch B1*. Am Kursende können Sie die Prüfung ablegen (separate Anmeldung erforderlich).	Mo. 13.30 – 16.00 ab 06.09. *Paula Kruse*
3 Beratung: Martina Brüning Zimmer 17 | Tel. 557 7700-5	
Türkische Spezialitäten Kurs für Fortgeschrittene. Wir kochen traditionelle Vorspeisen, Hauptgerichte und Nachspeisen. Am Kursende wartet eine Überraschung!	Mi. 18.30 – 21.00 ab 08.09. *Özlem Yildiz*
Man(n) kann kochen Kochkurs für Männer mit Profikoch Thomas Heidinger. Kreative Küche für Anfänger und Fortgeschrittene.	Do. 18.00 – 21.45 ab 02.09. *Thomas Heidinger*
Leicht und lecker Frische Küche für Senioren: Suppen, Salate und viel, viel mehr. Außerdem: Tipps für den Kräutergarten auf dem Balkon.	Di. 17.00 – 19.30 ab 07.09. *Bettina Möllering*
4 Beratung: Michael Thiel Zimmer 12 | Tel. 557 7700-9	
Yoga am Vormittag Kurs für Fortgeschrittene. Bitte bequeme Kleidung und eine Decke mitbringen.	Fr. 9.30 – 11.00 ab 03.09. *Heidi Emmerich*
Fitnessgymnastik für Frauen Mehr Energie durch Bewegung. Rhythmisches Fitnesstraining mit Musik. Für Anfängerinnen und Fortgeschrittene.	Mo. 17.45 – 19.15 ab 06.09. *Eva-Maria Meiritz*

b Karim, Sandro und Stefan möchten auch eine Weiterbildung machen. 36
Wer hat welchen Plan? Hören Sie und ergänzen Sie.

1 .... will keine berufliche Weiterbildung machen, aber er möchte kochen lernen.
2 .... möchte lernen, wie man eine Bewerbung schreibt.
3 .... arbeitet mit Kunden im Ausland zusammen und möchte besser Englisch lernen.

c Sehen Sie sich noch einmal das Kursprogramm an.
Welcher Kurs passt?

Sandro ....
Stefan ....
Karim ....

d Sprechen Sie mit Ihrer Partnerin / Ihrem Partner über das Kursprogramm:

- Welche Bereiche finden Sie interessant?
- Welchen Kurs möchten Sie gerne machen?
- Haben Sie schon einmal eine Weiterbildung gemacht? Welche?

> **der Bereich** =
> das Thema, die Kategorie
> Ich finde den Bereich *Gesundheit und Fitness* interessant.

7 Wie geht es weiter?

a Welches Verb passt? Lesen Sie und ergänzen Sie.

beenden | finden | lernen | ~~machen~~ | studieren | verdienen

1 Ich möchte zuerst die Deutschprüfung *machen*.
2 Nach dem Deutschkurs möchte ich besser Englisch ....
3 Ich muss zuerst die Schule ....
4 Ich möchte bald einen Ausbildungsplatz ....
5 Ich möchte an der Uni ....
6 Ich möchte eine Arbeit finden und Geld ....

b Welche Pläne haben Sie? Erzählen Sie.
„Ich möchte …" oder „Nächstes Jahr möchte ich…"

8 Knifflige Wörter

a Hören Sie und sprechen Sie nach. 37

der Ausbildungsplatz – die Berufsausbildung – der Schulabschluss – das Zeugnis – die berufliche Weiterbildung – Anfänger und Fortgeschrittene – die Kenntnisse – die Computerkenntnisse – die Vorkenntnisse – die Bewerbung – die Bewerbungsunterlagen – das Vorstellungsgespräch

b Suchen Sie sich ein Wort aus. Umschreiben Sie das Wort. Die anderen Kursteilnehmer raten, was Sie meinen.

Sprachbausteine

Schule

die Schule besuchen, der Schulabschluss, einen Schulabschluss haben/machen, das Abitur (Abi), der mittlere Schulabschluss, die Prüfung, eine Prüfung machen, die Universität (Uni), studieren, das Studium

Weiterbildung

der Kurs, das Kursprogramm, die Teilnehmerin/der Teilnehmer, die Anfängerin/der Anfänger, die/der Fortgeschrittene, die Vorkenntnisse, die Beratung, die Anmeldung, die Kursgebühr, der Bereich

Berufsausbildung

die Ausbildung, die Lehre, eine Ausbildung/Lehre zur/zum … machen, eine Ausbildung anfangen, eine Ausbildung abschließen, die Berufsschule, zur Berufsschule gehen, die berufliche Weiterbildung, das Praktikum, ein Praktikum bei Firma XY machen, der Traumberuf, der Job, jobben

Grammatik

vor + Dativ

Ich habe **vor**	**einem Jahr** meine Ausbildung abgeschlossen.
…	**zehn Tagen** …

seit + Dativ

Ich arbeite **seit**	**einem Jahr** bei Firma XY.
…	**sechs Monaten** …

vor einem Jahr

seit einem Jahr

nach/vor (+ Dativ)

nach/vor der Schule, **der** Ausbildung, **der** Lehre

nach/vor dem Praktikum, **dem** Studium, **dem** Kurs

Perfekt der trennbaren Verben

an | fangen	Ich fange an.	Ich **habe**	die Ausbildung	**angefangen**.
ab | schließen	Ich schließe ab.	Ich **habe**	den Kurs	**abgeschlossen**.
an | bieten	Er bietet an.	Er **hat**	seine Hilfe	**angeboten**.

Perfekt ohne ge-

t

besuchen – besucht	Ich **habe**	die Schule	**besucht**.
passieren – passiert	Es **ist**	viel	**passiert**.
verdienen – verdient	Er **hat**	Geld	**verdient**.

en

verlieren – **verloren**	Er **hat**	seine Arbeit	**verloren.**

6

Auf Arbeitssuche

Jobportale im Internet

Anzeigen in der Zeitung

Wie finde ich Arbeit?

Bewerbungen schreiben

. . .

1 Tipps für die Stellensuche

38 **a** Laura arbeitet als Kellnerin. Warum sucht sie jetzt eine neue Stelle? Hören Sie und kreuzen Sie an.

- Lauras Chef hat keine Stelle mehr für sie. ☐
- Laura möchte Vollzeit arbeiten. ☐
- Laura zieht in eine andere Stadt. ☐

39 **b** Lauras Freunde haben viele gute Tipps für die Stellensuche.
Hören Sie und ordnen Sie zu. Haben Sie noch eine andere Idee?

Text	1	2	3
Bild			

der Job	die Jobsuche
die Arbeit	die Arbeitssuche
die Stelle	die Stellensuche

a

b

c

39 **c** Hören Sie noch einmal. Was hören Sie? Kreuzen Sie an.

- ☐ Sprich doch mal ...
- ☐ Geh doch mal ...
- ☐ Schreib mal ...
- ☐ Mach doch ...
- ☐ Lies doch mal ...
- ☐ Such doch ...

Wir benutzen oft **doch (mal)**, wenn wir Vorschläge machen: Frag **doch (mal)** deine Freunde.

2 Informieren Sie sich hier!

a Laura findet diesen Text im Internet. Lesen Sie den Text und entscheiden Sie, ob die Aussagen richtig oder falsch sind.

Info-Abend „Jobsuche Spezial"

Am Dienstag, den 14. Juli (17.00 – 19.00 Uhr) findet im Berufszentrum eine Informationsveranstaltung statt:

- *Informieren Sie sich über aktuelle Stellenangebote.*
- *Lernen Sie, wie Sie sich richtig bewerben.*
- *Sprechen Sie persönlich mit einem Berufsberater.*

Die Veranstaltung ist kostenfrei. Wenn Sie einen persönlichen Beratungstermin möchten, melden Sie sich bitte an: Tel.: 069 4422400 | E-Mail: info@berufszentrum.de

		✓	✗
1	Die Informationsveranstaltung dauert zwei Stunden.	☐	☐
2	Die Veranstaltung kostet nichts.	☐	☐
3	Man kann sich nur per E-Mail anmelden.	☐	☐

b Lesen Sie den Text noch einmal und finden Sie drei reflexive Verben.

Einige Verben sind reflexiv, z. B. *sich informieren*:

ich	informiere	**mich**	**wir**	informieren	**uns**
du	informierst	**dich**	**ihr**	informiert	**euch**
er/sie/es	informiert	**sich**	**sie/Sie**	informieren	**sich**

sich bewerben
sich interessieren (für)
sich beeilen
sich treffen (mit)
sich anmelden

c Ergänzen Sie *mich, dich* oder *sich*. Hören Sie dann zur Kontrolle. 40

1 ▶ Ich möchte .... über aktuelle Stellenangebote informieren.
▷ Da sind Sie hier richtig. Am besten sprechen Sie persönlich mit einem Berufsberater. Möchten Sie .... anmelden?

2 ▶ Interessierst du .... auch für Aushilfsjobs? Das Hotel Aurora sucht eine Küchenhilfe.
▷ Ja, warum nicht. Wo kann ich .... bewerben?

3 ▶ Was machst du nach dem Essen? Triffst du .... mit deinen Freunden?
▷ Nein, ich habe einen Termin bei der Berufsberatung. Ich muss .... beeilen. Der Termin ist um 14:30 Uhr.

4 ▶ Ich interessiere .... für die Info-Veranstaltung. Wo kann ich .... anmelden?
▷ Sie können .... hier anmelden. Ich brauche nur Ihren Namen und Ihre Adresse.

3 Ich interessiere mich für ...

a Was passt zusammen? Verbinden Sie.

BERUFSFELDER	BEISPIELE
1 kreative Berufe	a Altenpfleger/-in
2 handwerkliche Berufe	b Modedesigner/-in
3 soziale Berufe	c Bürokaufmann/Bürokauffrau
4 technische Berufe	d Tischler/-in
5 kaufmännische Berufe	e Informatiker/-in

Ein Tischler arbeitet mit Holz.

b Finden Sie weitere Beispiele für die Berufsfelder.

c Fragen Sie und antworten Sie. Üben Sie die *Du*-Form und die *Sie*-Form.

*Interessierst du dich für **technische** Berufe?*

*Nein, ich interessiere mich mehr für **kaufmännische** Berufe.*

*Interessieren Sie sich für **soziale** Berufe?*

Ja, sehr.

4 Ein Beratungsgespräch

41 **a** Laura hat einen Termin mit Martin Fischer bei der Agentur für Arbeit. Hören Sie das Gespräch und entscheiden Sie, was richtig ist.

1 Laura sucht
- a ☐ eine feste Stelle.
- b ☐ einen Aushilfsjob.

2 Laura arbeitet im Moment
- a ☐ in Teilzeit.
- b ☐ nicht.

3 Laura möchte
- a ☐ in Teilzeit arbeiten.
- b ☐ in Vollzeit arbeiten.

4 Laura möchte
- a ☐ in Frankfurt arbeiten.
- b ☐ in einer Nachbarstadt arbeiten.

> **Sätze verbinden: *denn***
> Laura geht zur Arbeitsagentur. Sie sucht eine Stelle.
> Laura geht zur Arbeitsagentur, **denn** sie sucht eine Stelle.

41 **b** Hören Sie noch einmal. Was passt zusammen? Verbinden Sie.

1 Laura möchte Vollzeit arbeiten,
2 Laura möchte im Stadtzentrum arbeiten,
3 Laura will nicht umziehen,

a denn sie hat kein Auto.
b denn sie wohnt gerne in Frankfurt.
c denn sie verdient im Moment nicht genug.

c Schreiben Sie Sätze mit *denn*.

1 Ich lerne Deutsch. Ich möchte in Deutschland arbeiten.
2 Ich muss mich beeilen. Ich habe gleich einen Termin.
3 Ich freue mich. Ich habe eine Stelle gefunden.
4 Ich möchte in Teilzeit arbeiten. Ich habe zwei kleine Kinder.

5 Eine Stelle für Laura

a Lesen Sie die Stellenangebote. Arbeiten Sie zu zweit und erklären Sie sich gegenseitig die Bedeutung der Wörter *Aushilfe* (Anzeige 1), *Bäckereifachverkäufer* (2), *Arbeitszeugnis* (3), *Teilzeit* (4) und *Hauptschulabschluss* (5). Welche Anzeige passt für Laura?

> **für** drei Monate / ein Jahr
> **ab** sofort / Montag
> **bis** zum 30. Juni / Freitag

1

Wir suchen ab sofort eine
AUSHILFE für drei Monate
in Vollzeit (Mo–Sa, 7–14 Uhr).

Ihre Aufgaben:
Reinigungsarbeiten,
Hilfe in der Küche

Interessiert?
Dann rufen Sie uns an!

Café Döring, Tel.: 782887

2

CAFÉ & BÄCKEREI LUDWIG
sucht ab sofort

Bäckereifachverkäufer (m/w/d) (Vollzeit)

Sie haben:
- eine abgeschlossene Ausbildung
- gute Deutschkenntnisse
- einen Führerschein

Wir bieten:
- einen festen Arbeitsvertrag
- gute Bezahlung
- nette Kollegen

Tel. 55 44 03 (Ansprechpartner: Herr Franke)

3

Kellner (m/w/d)
für Restaurant ab sofort

Ihr Profil:
- Sie sind freundlich und zuverlässig.
- Sie haben Erfahrung im Service.
- Sie arbeiten gern im Team.

Arbeitszeit 38 Std./Woche
zwischen 11.00 und 00.30 Uhr.

Interesse? Dann schicken Sie uns Ihren Lebenslauf und das letzte Arbeitszeugnis.
E-Mail: job@schillerstube.de

Wir freuen uns auf Ihre Bewerbung!
Restaurant Schillerstube (Stadtmitte)

4

Für unser **Café im Stadtzentrum** suchen wir zwei Mitarbeiter (m/w/d) für den Service und Küchenarbeiten in Teilzeit.

Mehr Infos unter: www.cafe-prinz.de

5

Auszubildende zum 1. September gesucht:

RESTAURANTFACHMANN/-FRAU

Voraussetzung: Hauptschulabschluss

Bewerben Sie sich bitte per E-Mail
bis zum 30. Juni: bewerbung@die-kneipe.de

b Hören Sie das Gespräch zwischen Laura und Martin Fischer. 42
Um welche Stelle will sich Laura bewerben?

der/die Auszubildende
Wir sagen auch „Azubi".

c Lesen Sie die Anzeigen noch einmal und ergänzen Sie.

1 Anzeige 1 passt nicht, weil Laura eine feste Stelle sucht (keinen Aushilfsjob).

2 Anzeige ...... passt nicht, weil Laura schon eine Ausbildung hat.

3 Anzeige ...... passt nicht, weil Laura eine Vollzeitstelle sucht (keine Teilzeitstelle).

4 Anzeige ...... passt nicht, weil Laura keine Bäckereifachverkäuferin ist.

5 Anzeige ...... passt, weil Laura eine Vollzeitstelle im Stadtzentrum sucht.

Laura spricht mit Herrn Fischer, **denn** sie sucht eine Stelle.
weil sie eine Stelle sucht.

Warum spricht Laura mit Herrn Fischer? → **Weil** sie eine Stelle sucht.

d Bringen Sie die Textbausteine in die richtige Reihenfolge und schreiben Sie.
An welche Stelle setzt man das Komma „,"?

zufrieden ≠ unzufrieden

1 habe | Ich muss mich beeilen | ich einen Termin | weil

2 im Stadtzentrum arbeiten | weil | Laura möchte | hat | sie kein Auto

3 weil | leben | nicht umziehen | wir gerne hier | Wir möchten

4 Ich bin | weil | habe | zufrieden | ich eine gute Arbeit

e Fragen und antworten Sie.

Warum lernen Sie Deutsch? Warum interessieren Sie sich für ein Leben in Deutschland? Sind Sie zufrieden mit Ihrem Deutschkurs/Ihrem Beruf? Warum (nicht)?

6 Lauras Lebenslauf

Laura möchte sich bewerben. Deshalb braucht sie einen aktuellen Lebenslauf. Lesen Sie Lauras Lebenslauf und ergänzen Sie die Lücken mit den Informationen von der nächsten Seite.

Laura Salewska
Stephanstraße 2 | 60313 Frankfurt | E-Mail l.salewska@email.de | Telefon 069 3197674

Lebenslauf

.... 1 ....

Name	Laura Salewska
Geburtsdatum	16. Februar 1993
Geburtsort	Krakau (Polen)
.... 2	polnisch
Familienstand	.... 3 ....

.... 4 ....

08/2008 – 07/2011	Berufsschule Nr. 2 in Krakau. .... 5 ....
08/2005 – 07/2008	Mittelschule Stefan Banach in Krakau
08/1999 – 07/2005	Grundschule Nr. 8 in Krakau

Praktika

08/2010	.... 6 ....
07/2009	Praktikum im Altstadt-Restaurant Krakau (2 Wochen)

Berufliche Laufbahn

seit 06/2013	Kellnerin im Ratskeller in Frankfurt am Main Aufgaben: .... 7 ...., Tische eindecken, Reinigungsarbeiten
09/2010 – 06/2013	Kellnerin im Altstadt-Restaurant Krakau (bis zur Übersiedlung nach Deutschland)
08/2008 – 07/2011	Ausbildung zur Restaurantfachfrau

Besondere Kenntnisse

.... 8	Polnisch (Muttersprache), Deutsch (im Moment Kursbesuch, Ziel: B1-Niveau), Englisch (Zertifikat telc B1 Hotel and Restaurant)
Computersoftware:	Microsoft Office
.... 9	Volleyball, Kochen, ... 10 ....

Frankfurt am Main, 23. Juli 20XX

Laura Salewska

TIPP

Ein Lebenslauf muss
- lückenlos (= vollständig) sein.
- eine klare Struktur haben.
- ohne Tippfehler sein.
- unterschrieben sein.

Schulbildung | Salsa tanzen | Abschluss: Restaurantfachfrau | Sprachen

Kunden bedienen und kassieren | **Interessen** | ledig | **Persönliche Daten**

Staatsangehörigkeit | Praktikum im Café Rose Warschau (4 Wochen)

7 Das Bewerbungsfoto

a In Deutschland schickt man ein Foto zusammen mit dem Lebenslauf. Ist das in Ihrem Land auch so? Finden Sie das gut oder schlecht? Warum? Sprechen Sie im Kurs.

b Was ist ein gutes Bewerbungsfoto?
Wie sollen die Personen aussehen? Kreuzen Sie an.

☐ sympathisch ☐ unprofessionell ☐ verrückt
☐ nett ☐ professionell ☐ unsympathisch

> **aus | sehen**
> Er **sieht** sympathisch **aus**.

c Sprechen Sie zu dritt über die Fotos. Welche Fotos sind gute Bewerbungsfotos? Warum?
Zwei Personen diskutieren und haben unterschiedliche Meinungen.
Die dritte Person moderiert das Gespräch und hilft bei der Kommunikation.

▷ **Foto 2** ist gut, weil die Frau sympathisch aussieht.
Und wie findest du **Foto 2**?
▶ Ich finde **Foto 2** ist nicht gut.
● Okay, warum findest du **Foto 2** nicht gut?

1

2

3

4

5

8 Ein Lebenslauf

Nehmen Sie Lauras Lebenslauf als Muster und schreiben Sie Ihren Lebenslauf.

> **TIPP**
> Im Internet finden Sie kostenlose Musterlebensläufe. Tippen Sie „Lebenslauf Muster“ oder „Lebenslauf Vorlage“ ein.

9 Knifflige Wörter

Hören Sie und sprechen Sie nach. 43

der Auszubildende – die Auszubildende – der Bewerber – die Bewerberin – das Bewerbungsfoto – die Beraterin – das Beratungsgespräch – die Vollzeitstelle – die Teilzeitstelle – der Aushilfsjob – der Musterlebenslauf – sympathisch und professionell – unsympathisch und unprofessionell

Sprachbausteine

Die Stellensuche

die Arbeitssuche, die Stellensuche, die Jobsuche, das Stellenangebot, der Aushilfsjob, die Vollzeitstelle, in Vollzeit arbeiten, die Teilzeitstelle, in Teilzeit arbeiten, das Beratungsgespräch, der Bewerber, die Bewerberin, die Bewerbung, der Lebenslauf, das Bewerbungsfoto

Tipps geben

Geh **doch mal** zur Arbeitsagentur.
Schau **doch** im Internet nach.

Etwas begründen

Warum bist du unzufrieden? – Weil ich keine Arbeit habe.
Warum suchst du eine neue Stelle? – Weil ich nicht genug verdiene.

Der Lebenslauf

Persönliche Daten
Schulbildung
Praktika
Berufliche Laufbahn
Besondere Kenntnisse

Grammatik

Sätze mit *denn* verbinden

Laura ist glücklich. **Sie** hat eine neue Stelle.
Laura ist glücklich, denn **sie** hat eine neue Stelle.

Sätze mit *weil* verbinden

Laura ist glücklich, weil **sie** eine neue Stelle hat.

Reflexive Verben

ich	informiere	**mich**
du	informierst	**dich**
er / sie / es	informiert	**sich**
wir	informieren	**uns**
ihr	informiert	**euch**
sie / Sie	informieren	**sich**

Andere reflexive Verben:

sich bewerben (um eine Stelle), sich interessieren (für), sich beeilen, sich bedanken, sich treffen (mit), sich freuen, sich anmelden

Reflexive Verben im Satz

Aussage

Ich interessiere **mich** für Stellenangebote.
Laura bewirbt **sich** um eine Stelle als Kellnerin.
Wir bedanken **uns** für das Gespräch.

Frage und Imperativ

Wo informierst du **dich** über Stellenangebote?
Interessierst du **dich** auch für die Stelle?
Beeilen Sie **sich**! Der Termin ist um 13.00 Uhr.

Zeitangaben mit Präpositionen

bis	Bewerben Sie sich bitte **bis** zum 30. Juni.
ab	**Ab** Montag habe ich eine neue Stelle.
für	Wir suchen eine Aushilfe **für** sechs Monate.

Arbeitsbuch

Im Arbeitsbuch finden Sie:

- **ein separates Aussprachetraining, mit dem Sie von Beginn an Ihre Aussprache verbessern können**
- **vertiefende Übungen zu allen sechs Lektionen im Kursbuch, die Sie im Unterricht oder zu Hause machen können**
- **den Lernwortschatz jeder Lektion zusammengefasst, mit viel Platz zum Bearbeiten**

Inhalt

1 Der Ich-, Ach- und Sch-Laut

44

a Hören Sie die Wörter und achten Sie auf *ch*. In welchen Wörtern hören Sie *sch*?

sprechen, Stadt, Sprache, lustig, Deutschland, Tochter, möchten, auch, Kirche, manche, suchen, wachsen, Brötchen, Bücher, Griechenland, Spanisch

b Lesen Sie noch einmal die Wörter in Aufgabe 1a und finden Sie die Regeln.

	weitere Beispiele	Ich-Laut [ç]	Ach-Laut [x]	Sch-Laut [ʃ]
nach ***a, o, u, au***	Tuch, noch, Nacht, auch			
nach den Vokalen ***e, i , ö, ü, ei, ie, eu*** und nach ***l, n, r***	gleich, euch Milch, manchmal			
immer bei der Endung ***-chen***	Mädchen, München			
in der Endung ***-ig***	Leipzig			
in ***st-***, ***sp-*** und in ***sch-***	Stadt, Spiel, Deutschland			

c Wie können Sie den Laut *ch* und *sch* üben? Lesen Sie die Tipps und probieren Sie sie aus. Lesen Sie danach die Wörter aus Aufgabe 1a und sprechen Sie sie laut.

Ich-Laut: Sagen Sie kräftig <Tja!> oder sprechen Sie <jajajajaja> immer leiser, bis Sie flüstern.

Ach- Laut: Sie können den Laut „spüren", wenn Sie so tun, als ob Sie schnarchen.

Sch-Laut: Der Sch-Laut wird mit beiden Lippen gebildet. Die Lippen sind nach außen gestülpt, wie bei einem Fisch, aber die Zähne stehen aufeinander. Stoßen Sie nun die Luft aus.

d Hören Sie die Wörter. Wo hören Sie [ç], wo [x] und wo [ʃ]? 45

	[ç]	[x]	[ʃ]
1			
2			
3			
4			
5			
6			

e Wortdiktat. Stellen Sie ein Buch auf die Linie in der Mitte der Tabelle. Diktieren Sie Ihrer Partnerin/Ihrem Partner die Wörter, Ihre Partnerin/Ihr Partner schreibt. Vergleichen Sie danach.

ein bisschen	
	Spanisch
Chinesisch	
	Tschechisch
Kirsche	
	Menschen

f Hören Sie die Sätze und schreiben Sie. 46

1 ....

2 ....

3 ....

4 ....

g Traumberufe. Lesen Sie, was die Kinder werden wollen, und markieren Sie die Ich-Laute grün und die Ach-Laute rot. Sprechen Sie dann nach.

Ich möchte Koch werden. Warum? Weil ich gern für meine Freunde koche und backe!

Ich möchte Englischlehrerin werden. Warum? Weil ich gern englische Bücher lese. Mein Lieblingsbuch ist Harry Potter!

Ich möchte Archäologe werden. Warum? Weil mich die menschliche Geschichte interessiert. Was erzählen die Knochen im Boden?

Ich möchte Architektin werden. Warum? Weil ich gern mit LEGO spiele und unser Haus nachbaue. Ich möchte mal einen richtig tollen Spielplatz planen und bauen!

h Sprechen Sie die Zungenbrecher mit Ihrer Partnerin/Ihrem Partner. Beginnen Sie langsam und werden Sie schneller.

1 Ein sehr schwer sehr schnell zu sprechender Spruch ist ein Schnellsprechspruch.

2 Schnecken erschrecken, wenn sie an Schnecken schlecken, weil zum Schrecken vieler Schnecken Schnecken nicht schmecken.

3 In einem Schokoladenladen laden Ladenmädchen Schokolade aus. Ladenmädchen laden Schokolade in einem Schokoladenladen aus.

i Lesen Sie die Singularformen. Ergänzen Sie die Pluralformen und kreuzen Sie den richtigen Ch-Laut an. Welche Verben haben im Singular und im Plural einen unterschiedlichen Ch-Laut?

Singular	Ich-Laut	Ach-Laut	Plural	Ich-Laut	Ach-Laut
Tu**ch**		X	*Tü**ch**er*	X	
Nacht					
Brötchen					
Kirche					
Koch					
Mädchen					
Buch					
Küche					
Fach					

j Sprechen Sie nun abwechselnd mit Ihrer Partnerin/Ihrem Partner die Singular- und die Pluralformen und achten Sie auf den Ch-Laut.

2 Die Diphthonge

a Hören Sie die folgenden Wörter. Achten Sie auf die Laute, die gleich klingen. 47

Baum | Zeit | neun | Kairo | Bayern | träumen | auch | Meyer

b Hören Sie noch einmal. Welche Laute haben den gleichen Klang? Markieren Sie die Laute, die gleich klingen, mit derselben Farbe. 47

c Lesen Sie noch einmal die Wörter aus Aufgabe 2a und ergänzen Sie die Regel.

Man spricht	Man schreibt	
[aɛ̯]	ei, ...	Beispiel: Zeit, Meyer, Kairo, Bayern
[aɔ̯]	....	Beispiel: auch, Baum
[ɔœ̯]	....	Beispiel: träumen, neun

Diphthonge
sind Doppellaute aus zwei Vokalen.
Im Deutschen gibt es die Diphthonge
ei, *au*, *äu* und *eu*.

d Sprechen Sie die folgenden Wortgruppen laut.

1 Heute träumen Leute.
2 Ein Bauer aus Bayern.
3 Mein Auto ist neu.
4 Neun Eulen heulen.
5 Deutsche Mäuse in teuren Häusern.
6 Leise läuft die Maus durchs Haus.

48 **e** Ergänzen Sie die fehlenden Diphthonge. Hören Sie dann und vergleichen Sie.

1 Au! M_ _n B_ _ch tut weh!

2 N_ _n, das kann nicht s_ _n, Fr_ _ Schmidt!

3 Was für ein tr_ _mhaftes H_ _s! Ich k_ _fe es!

4 Das _ _to kostet h_ _te nur zehnt_ _send _ _ro.

48 **f** Hören Sie noch einmal Aufgabe 2e und sprechen Sie die Sätze nach.

g Ergänzen Sie *eu* oder *äu* im Plural. Ergänzen Sie danach die Regel.

die Maus	viele M_ _se
die Eule	drei _ _len
das Haus	zwei H_ _ser
der Freund	meine Fr_ _nde
die Braut	fünf Br_ _te
das Abenteuer	die Abent_ _er

TIPP

Wörter, die im Singular *au* haben, haben im Plural meistens ……………………… .

Wörter, die im Singular *eu* haben, haben im Plural meistens ……………………… .

1 Medienwörter. Was passt? 1

1 eine Nachricht
- a ☐ schreiben
- b ☐ löschen
- c ☐ chatten

2 eine E-Mail
- a ☐ anrufen
- b ☐ lesen
- c ☐ abschicken

3 den Computer
- a ☐ ausschalten
- b ☐ speichern
- c ☐ reparieren

4 im Internet
- a ☐ googeln
- b ☐ surfen
- c ☐ drucken

5 eine Zeitungsanzeige
- a ☐ lesen
- b ☐ telefonieren
- c ☐ schreiben

6 eine App
- a ☐ drucken
- b ☐ installieren
- c ☐ herunterladen

2 Sprechen Sie nach. 1

49

1 der Computer
2 die E-Mail – eine E-Mail – mailen – das E-Mail-Programm
3 surfen – im Internet surfen
4 chatten – der Chat
5 Google – googeln
6 das Smartphone
7 die App – eine App herunterladen

3 Ergänzen Sie die Wörter. 1

löschen | surfe | chatten | schicke | laden ... herunter | schalte ... ein | schreiben

Ich bin Journalist von Beruf. Ich arbeite zu Hause am Computer. Schon morgens ......1...... ich den Computer ......2......, dann ......3...... ich im Internet und suche Informationen. Ich schreibe Artikel und ......4...... meine Texte per E-Mail an die Zeitung. Gestern habe ich ein neues Computerprogramm gekauft. Es hilft mir sehr bei meiner Arbeit. Ich habe es heute installiert. Das alte Programm kann ich jetzt ......5...... . Meine Kinder machen alles mit dem Smartphone. Sie ......6...... Nachrichten, ...7...... Apps ......8...... und ......9...... mit Freunden.

4 Ein Theaterbesuch 1

Schreiben Sie die Sätze mit *man*.

1 Wir müssen pünktlich sein. *Man muss* ......
2 Wir dürfen nicht zu spät kommen. ......
3 Wir können online reservieren. ......
4 Wir können die Tickets auch an der Abendkasse abholen.
......

5 Veranstaltungen. Ergänzen Sie. 1

Sport | Eintritt | Flohmarkt | Kino | Straßenfest | Karten | Party

1 ▶ Morgen will ich etwas unternehmen. Ich möchte ins __________ gehen. Da gibt es einen tollen Film.
▷ Ich weiß nicht, morgen ist doch auch in der Münchner Straße ein __________. Alle Leute aus der Straße kommen und feiern, es gibt Kuchen, Getränke, Musik aus vielen Ländern.

2 ▶ Hast du schon gehört? Am Samstag gibt es in der Kulturfabrik eine große __________ mit Musik und Disco und tollen Bands. Wollen wir dahin gehen?
▷ Klingt gut. Wie viel kostet das?
▶ Nichts. Der __________ ist frei.

3 ▶ Heute ist das Wetter schön. Gehen wir auf den __________?
▷ Ja, gerne. Vielleicht finden wir ja etwas.

4 ▶ Ich möchte am Sonntag eine Radtour machen. Das Wetter ist gut und ich habe lange schon keinen __________ mehr gemacht. Willst du mit mir fahren?
▷ Nein, ich kann nicht. Ich habe schon __________ für das Fußballspiel am Sonntag gekauft. Vielleicht können wir nächstes Wochenende mit dem Rad fahren.

6 Wetter 2

a Was ist das? Wie ist das Wetter? Ergänzen Sie.

1 die *Sonne*
Es ist __________

2 der __________
Es __________

3 die __________
Es ist __________

4 der __________
Es __________

5 die __________
Es ist __________

b Sie hören drei Wetterberichte aus dem Radio. Zu jeder Ansage gibt es eine Aufgabe. Welche Lösung (a, b oder c) passt am besten? 50

1 Wie ist das Wetter morgen?
- a ☐ bewölkt
- b ☐ regnerisch
- c ☐ sonnig

2 Wie ist das Wetter am Sonntag?
- a ☐ kalt
- b ☐ regnerisch
- c ☐ wärmer

3 Wie ist das Wetter in Norddeutschland?
- a ☐ Es schneit.
- b ☐ regnerisch
- c ☐ sonnig

7 Ergänzen Sie *mich, dich, ihn, sie, es.* 4

1 Miguel fragt sich: Liebt Rabia .... (Miguel) oder .... (Lukas)?

2 ▶ Hallo, Ingrid! Ich habe .... schon so lange nicht gesehen.
▷ Entschuldige. Ich kenne .... nicht.
▶ Doch! Wir waren zusammen in der Schule. Ich bin der Bruder von Axel und Anna.
▷ Anna? Ich kenne .... nicht. Axel, ja. Ich kenne .... Aber wie heißt du?

3 Das Erdbeereis ist lecker. Ich liebe ....

4 Rabia hat .... (Lukas) angerufen, aber sein Handy war aus.

5 Hallo Rabia, ich möchte dich kurz sprechen, rufst du .... bitte an?

6 Daniel kommt zu Besuch. Kennst du .... ?

8 Konjugieren Sie das Verb *herausfinden.* 4

	herausfinden		
ich	*finde*	es	*heraus*
du		es	
er/sie/es		es	
wir	*finden*	es	
ihr		es	
sie/Sie		es	

9 Schreiben Sie Sätze wie im Beispiel. 4

1 das Auto | sehen *Ich sehe es.*

2 der Stuhl | tragen *Ich* ……

3 der Kuchen | essen ……

4 die Jacke | kaufen ……

5 die Musik | hören ……

6 das Handy | suchen ……

7 Anna | kennen ……

8 der Newsletter | bestellen ……

10 Ergänzen Sie *uns, euch, sie, Sie.* 5

1 Rabia fragt Lukas: Möchtest du …… (Rabia und Miguel) besuchen?

2 Lukas sagt Rabia: Na klar, ich besuche (Rabia und Miguel) …… gerne.

3 Hallo Freunde! Ich habe am Samstag Geburtstag und möchte …… einladen!

4 Ida und Ahmed sind nicht da. Hast du …… nicht eingeladen?

5 ▶ Hallo Papa, Laura und ich sind am Bahnhof. Holst du …… ab?
▷ Hi Erik, klar, ich hole …… gleich ab.
▶ Danke, bis gleich!

6 Guten Tag Herr Roth, ich habe …… schon lange nicht mehr gesehen. Wie geht es Ihnen?

11 Ergänzen Sie *mich, dich, ihn/sie/es, uns, euch, sie/Sie.* 4–5

1 Er kennt *mich* (ich), ich kenne …… (er)

2 Ich kenne …… (du), du kennst …… (ich)

3 Ich kenne …… (er), er kennt …… (ich)

4 Ich kenne …… (sie), sie kennt …… (ich)

5 Ich kenne …… (es)

6 Er kennt …… (wir), wir kennen …… (er)

7 Ich kenne …… (ihr), ihr kennt …… (ich)

8 Ich kenne …… (sie), sie kennen …… (ich)

9 Ich kenne …… (Sie), Sie kennen …… (ich)

12 Anrufbeantworter 6

a Ergänzen Sie die Personalpronomen im Akkusativ.

1 Guten Tag, hier ist die Firma Schmidt. Wir haben Ihren Computer repariert. Sie können .... morgen abholen.

2 Hallo Sonja, ich habe die Tickets online bestellt. Ich habe .... auch schon bezahlt. Treffen wir uns um 8 Uhr vor dem Kino? Ruf .... an.

3 Hallo Sonja und Thomas. Wart ihr gestern eigentlich auf der Party? Wir haben .... nicht gesehen. Ruft .... doch bitte mal an. Unsere Nummer kennt ihr ja. Ich sage .... aber noch einmal, das ist die 54 33 221. Bis bald. Anja und Luise.

4 Hi Ewa, was ist los? Immer rufe ich .... an, nie rufst du .... an. Melde dich doch mal!

b Hören Sie die Nachrichten zur Kontrolle. 51

13 Eine Nachricht auf dem Handy 6

Lesen Sie die Nachricht und schreiben Sie zwei Antworten zu Situation a, b, c oder d.

Kommst du mit? Heute Nachmittag ist in der Böttcherstraße ein Straßenfest. Es gibt Musik, Spiele, Essen. Treffen wir uns am Eingang? Vielleicht bis später.

Thomas

Ich komme gern.
Wann treffen wir uns?

Ich kann aber nur ... Leider ...

Ich möchte lieber ...

a Sie kommen gerne. Wann treffen?
b Sie kommen gerne. Sie haben aber nur am Abend Zeit.
c Sie können nicht kommen. Sie sind krank und liegen im Bett.
d Sie waren schon auf dem Straßenfest. Sie möchten etwas anderes machen.

1

Hallo Thomas,

....

2

Hallo Thomas,

....

14 Eine Verabredung 6

52 Ordnen Sie den Dialog. Hören Sie danach und vergleichen Sie.

Anja:

- 1 Hi, Ilona. Wir wollen am Samstag zum Flohmarkt gehen. Kommst du mit?
- ☐ Ja, prima. Dann bis Samstag.
- ☐ Früh ist sehr früh: so 7 oder 8 Uhr!
- ☐ Schon früh. Bea will alte Kleider verkaufen. Dann müssen wir früh da sein.
- ☐ Dann komm doch später. Wir sind den ganzen Tag da.

Ilona:

- ☐ Nein, ich komme später. Am Samstag will ich länger schlafen. Ich habe diese Woche so viel gearbeitet.
- ☐ Gut, dann schreibe ich dir.
- ☐ Anja, was heißt früh?
- ☐ Ja, wann wollt ihr gehen?
- ☐ Bis Samstag. Mach's gut.

15 Neu in der Stadt 7

a Sie und Ihre Familie sind neu in der Stadt. Was brauchen Sie? Ordnen Sie zu.

Arbeit | Hausarzt | Kinderarzt | ~~Kindergarten~~ | Schule | Sprachschule | Wohnung | Zahnarzt

ich (und mein Mann/meine Frau)	Kinder
	Kindergarten

b Und was brauchen Sie noch? Ergänzen Sie die Tabelle.

c Schreiben Sie Sätze. Benutzen Sie *müssen/sollen/wollen und finden/suchen.*

Ich muss einen Kindergarten für meine Tochter finden.

16 *Einen, keinen, welche ...* 7

Schreiben Sie Sätze wie im Beispiel.

1 Kennen Sie einen guten Arzt? Ja, *ich kenne einen.* Nein, *ich kenne keinen.*
2 Möchten Sie eine Suppe? Ja, ……… Nein, ………
3 Haben Sie Bananen? Ja, ……… Nein, ………
4 Verkaufen Sie auch Computerspiele? Ja, ……… Nein, ………
5 Brauchst du ein Auto? Ja, ……… Nein, ………
6 Haben Sie eine E-Mail-Adresse? Ja, ……… Nein, ………
7 Möchten Sie einen Tee? Ja, ……… Nein, ………

17 Anmeldung im Forum *Neu in der Stadt* 7

Ihre Freundin Ida ist neu in München. Sie möchte sich im Forum *Neu in der Stadt* anmelden. Schreiben Sie die fünf fehlenden Informationen über Ida in das Formular.

Mitgliedskarte *FITNESSstudio*

Name: Ida Sjöberg
Adresse: Schliemannweg 5
80937 München
Trainingsbeginn: 18.1.20XX
Trainingstage: Montag, Freitag

Name: Sjöberg
Vorname: Ida
geb. am: 10.12.1992
in: Kiruna, Schweden

Ida hat in Stockholm Politik studiert. Seit einem Monat wohnt und arbeitet sie in München. Sie kennt niemanden in der Stadt. Sie macht gerne Sport. Ida spricht Schwedisch, Englisch und etwas Deutsch.

Neu in der Stadt

Willkommen beim Forum „Neu in der Stadt". Füllen Sie bitte die Anmeldung aus. Danach können Sie sofort unser Forum nutzen.

Familienname: *Sjöberg* 0
Vorname: ……… 1
Wohnort, Postleitzahl: ……… 2
Land: Deutschland
Straße, Hausnummer: Schliemannweg 5
Geburtsdatum: 10.12.1992
Geburtsort: ……… 3
Nationalität: schwedisch
Geschlecht: ☐ weiblich ☐ männlich ☐ divers 4
Muttersprache: ……… 5
Weitere Sprachen: Englisch, Deutsch

Lernwortschatz

> Wie heißen diese englischen Wörter in Ihrer Sprache?

Medien

die App
der Computer
die Datei, Dateien
die E-Mail
das Handy
das Internet
im Internet surfen
das Kennwort
das Smartphone
die Nachricht

Am Wochenende

etwas unternehmen — *Ich unternehme etwas.*
mitkommen
mitmachen
nachschauen

> Was machen Sie am Wochenende?

der Flohmarkt
das Straßenfest
die Veranstaltung
der Veranstaltungstipp

die Abendkasse
die Kinokasse
die Karte
der Preis
das Ticket
Eintritt frei
kostenlos

Wettervorhersage

das Grad
der Regen
die Temperatur
die Sonne
das Wetter
bewölkt
kühl
sinken
steigen
trocken
windig
zeitweise

1 Mit Bus und Bahn

a Wie heißen die Verkehrsmittel?

1 …

2 …

3 …

4 …

5 …

6 …

7 …

8 …

b Schreiben Sie Sätze mit den Wörtern aus 1a.

1 *Sie fährt mit dem Bus. / Sie nimmt den Bus.*

2 …

3 …

4 …

5 …

6 …

7 …

8 *Ich fliege* …

2 *Zum* oder *zur*?

Ergänzen Sie.

Wir fahren …

1 … Post.	5 … Flughafen.	9 … Bahnhof.
2 … Kino.	6 … Arbeit.	10 … Haltestelle.
3 … Deutschkurs.	7 … Supermarkt.	11 … Schwimmbad.
4 … Job-Center.	8 … Schule.	12 … Café.

3 *An, am, in, ins, auf, nach, zum* 1

a Wo sind die Personen? Wohin fahren sie?

1

2

3

4

5

1 *Der Mann ist an der Bushaltestelle. Er fährt ins Stadtzentrum.*

2 ....

3 ....

4 ....

5 ....

b Ergänzen Sie.

am/an der

1 Wir sind .... Bahnhof, ... Haltestelle, ... Flughafen.

auf dem/auf der

2 Wir sind .... Bahnsteig, ... Straße, ... Schiff.

in/im/in der

3 Wir sind .... Berlin, ... Zug, ... Bus, ... U-Bahn, ... Stadt, ... Stadtzentrum, ... Kino.

c Welche Präposition passt in welche Lücke?

am | an | in | in | in | nach | nach | zum | zum

Naomi wohnt und arbeitet .....1..... Berlin. Es ist Montagabend. Endlich hat sie Feierabend. Sie ist auf dem Weg .....2..... Hause, sitzt .....3..... der U-Bahn und liest eine Nachricht von ihrer Freundin Christina. Christina wohnt .....4..... Frankfurt und lädt sie nächstes Wochenende ein. „Super," denkt Naomi, „dann fahre ich schnell .....5..... Bahnhof und kaufe eine Fahrkarte .....6..... Frankfurt." .....7..... der Haltestelle Warschauer Straße nimmt sie die S-Bahn und fährt .....8..... Bahnhof. .....9..... Bahnhof kauft sie die Fahrkarte.

4 Nach dem Weg fragen 2

a Ergänzen Sie die Wörter.

Stationen | Richtung | Fahrkartenautomat | aussteigen | umsteigen | helfen | einfach

▶ Entschuldigung. Können Sie mir ____1____ ? Wie komme ich zur VHS?

▷ Das ist ganz ____2____ . Nehmen Sie die U-Bahn, Linie U1, ____3____ Südbahnhof.
Am Marktplatz müssen Sie in die U2 ____4____ . Und dann ist es nicht mehr weit.
Nur zwei ____5____ . Sie müssen dann an der Feuerbachstraße ____6____ .
Dort ist die Volkshochschule.

▶ Und wo ist der ____7____ ?

▷ Da drüben.

▶ Ah, ich sehe ihn. Danke.

b Hören Sie den Dialog zur Kontrolle. 53

5 Ergänzen Sie *einer, eine, eins, welche.* 2

1 Wo ist ein Fahrkartenautomat? Da drüben ist *einer* .

2 Wo ist eine Zeitung von heute? Auf dem Tisch liegt ________ .

3 Wo ist ein Supermarkt? In der Schmidtstraße ist ________ .

4 Wo finde ich Wörterbücher? Im grünen Regal stehen ________ .

5 Wo ist eine Bank? Hier drüben sehe ich ________ .

6 Wo ist ein Restaurant? Am Markplatz ist ________ .

7 Wo sind Tomaten? Da drüben liegen ________ .

8 Wo ist ein Taschentuch? Hier ist ________ .

9 Wo sind die Fahrkartenautomaten? Im Bahnhof sind ________ .

6 Am Bahnhof 3

a Welche Antwort passt? Hören Sie und kreuzen Sie an. 54

1 a ☐ Um 12 Uhr.
  b ☐ Von 12.30 Uhr bis 14 Uhr.

2 a ☐ Um 2 Uhr.
  b ☐ 2 Stunden.

3 a ☐ Nein, nur die Hinfahrt.
  b ☐ Ja, in Frankfurt.

4 a ☐ Ja, bitte.
  b ☐ Ja, ich habe eine Fahrkarte.

55 **b** Ergänzen Sie den Dialog. Hören Sie dann den Dialog zur Kontrolle.

Ich möchte gern etwas später fahren. | Auf Wiedersehen. | Dann hätte ich gerne eine Fahrkarte für den Zug um 15 Uhr. | Hier sind 100 Euro. | Ich hätte gern eine Fahrkarte nach Stuttgart. Wann fährt ein Zug? | Nein, die brauche ich nicht. Ich habe noch eine Frage: Muss ich umsteigen? | Ja, hin und zurück, bitte. | Gut, und von welchem Gleis fährt der Zug?

▶ Guten Tag. Was kann ich für Sie tun?

▷ ....

▶ Der nächste Zug nach Stuttgart fährt um 12.30 Uhr.

▷ ....

▶ Kein Problem, es gibt auch einen Zug um 13.30 Uhr oder um 15 Uhr.

▷ ....

▶ Hin und zurück?

▷ ....

▶ Das macht dann 75 Euro. Möchten Sie eine Reservierung?

▷ ....

▶ Nein, der Zug ist direkt.

▷ ....

▶ Von Gleis 22.

▷ ....

▶ Und 25 Euro zurück.

▷ ....

▶ Gute Fahrt. Auf Wiedersehen.

7 Adjektive 4–5

Schreiben Sie die Gegenteile und ergänzen Sie die Komparativ- und Superlativformen.

Positiv	Komparativ	Superlativ
groß	*größer*	*am größten*
klein		
teuer (!)		

nah (!)		
kurz		
schnell		
gut (!)		
viel (!)		
spät		

8 *Als oder wie?* 4|5

a Ergänzen Sie.

Die Fahrt nach München dauert länger ______ 1 die Fahrt nach Stuttgart. Die S-Bahn ist genauso schnell ______ 2 die Regionalbahn, aber schneller ______ 3 die U-Bahn. Die Fahrt mit dem Bus ist viel billiger ______ 4 die Fahrt mit dem Zug. Ich fahre genauso gern mit dem Fahrrad ______ 5 mit dem Zug. Mit dem Fahrrad oder mit dem Zug fahre ich lieber ______ 6 mit dem Auto.

b Ergänzen Sie.

1	billig	IC: 80 Euro	ICE: 100 Euro	Fernbus: 20 Euro

Der IC ist billiger als der ICE. Der Fernbus ist am billigsten.

2	groß	Johanna: 1,70 m	Ayse: 1,70 m	Nilüfer: 1,85 m

______

3	lang	die Donau: 2.860 km	der Rhein: 1.230 km	der Nil: 6.850 km

______

4	viel	1 kg Äpfel: 1,50 €	1 kg Tomaten: 1,50 €	1 kg Erdbeeren: 4,50 €

______

c Was mögen Sie? Schreiben Sie zwei Sätze mit *genauso ... wie* und zwei Sätze mit *als*.

1 Ich esse genauso gerne Obst wie Gemüse.

2 ....

3 ....

4 ....

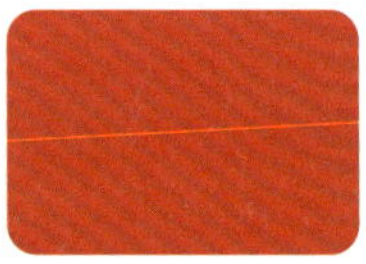 

5 ....

9 Verbinden Sie die Sätze mit *deshalb*. 6

1 Ich brauche eine Fahrkarte. Ich fahre zum Bahnhof.

Ich brauche eine Fahrkarte. Deshalb fahre ich zum Bahnhof.

2 Ich finde Autofahren stressig. Ich nehme den Zug.

....

3 Alex findet Zugfahren sehr teuer. Er nimmt den Fernbus.

....

4 Heute hatte mein Zug Verspätung. Ich war zu spät bei der Arbeit.

....

5 Autofahren ist schlecht für die Umwelt. Ich fahre immer mit dem Fahrrad.

....

10 Reisen 6

56

Sie hören Aussagen zum Thema Reisen. Welcher der Sätze a–f passt zu den Aussagen 1–4? Kreuzen Sie an. Lesen Sie die Sätze a–f. Dazu haben Sie eine Minute Zeit.

1 [f] 2 [ ] 3 [ ] 4 [ ]

a Ohne mein Auto möchte ich nicht in Urlaub fahren.

b Bahnfahren ist viel zu teuer.

c Die Busse sind oft sehr voll.

d Reisen ist stressig. Ich bleibe lieber zu Hause.

e Für mich ist die Umwelt sehr wichtig.

~~f~~ Ich mache am liebsten Urlaub mit dem Zug und dem Fahrrad.

11 Gegenteile 7

Finden und verbinden Sie die Gegenteile.

1	fahren	a	spät
2	abfahren	b	aussteigen
3	einsteigen	c	fliegen
4	pünktlich	d	verspätet
5	früh	e	ankommen

12 Am Bahnhof und im Zug 7

a Sie hören die Durchsagen zweimal. Was ist richtig: a, b oder c? 57

1 Der Zug kommt
- a ☐ pünktlich an.
- b ☐ 15 Minuten später an.
- c ☐ 20 Minuten später an.

2 Von welchem Gleis fährt der Zug nach Köln?
- a ☐ Von Gleis 10
- b ☐ Von Gleis 12
- c ☐ Von Gleis 14

3 Wann fährt der nächste Zug nach Leipzig?
- a ☐ Um 17.12 Uhr
- b ☐ Um 17.22 Uhr
- c ☐ Um 17.43 Uhr

b Schreiben Sie Sätze.

1 wann – der Zug – ankommen?

Wann kommt der Zug an?

2 umsteigen – muss – ich?

....

3 der Zug – ausfallen – leider.

....

4 Endstation. bitte – Sie – aussteigen – hier.

....

13 Wie kommen die Leute zum Deutschkurs? 7

Schreiben Sie die Sätze.

1 ichfahreamliebstenmitdemfahrrad.manchmalgeheichauchzufuß.

....

2 ichkommemitdemauto.ichwillflexibelsein.

....

3 undwiekommensiezumdeutschkurs?schreibensieinihrheft.

....

Lernwortschatz

Schreiben Sie Sätze.

Am Bahnhof

die Abfahrt — *Die Abfahrt ist um 13.15 Uhr.*
die Ankunft
der Bahnhof
der Bahnsteig
die Durchsage
die Fahrkarte
der Fahrkartenautomat
der Fahrplan
die Fahrt
das Gleis
die Hin- und Rückfahrt
der Mitarbeiter, die Mitarbeiterin
der Schaffner, die Schaffnerin
der Schalter
die Störung
die Strecke
der Zug
pünktlich
verspätet

Unterwegs

Notieren Sie die Pluralformen.

der Flughafen — *Die Flughäfen*
das Flugzeug
die Haltestelle
die Linie
die Monatskarte
die Richtung
die S-Bahn
das Schiff
das Schild
das Stadtzentrum
die Station
die U-Bahn
die U-Bahn-Station

Andere Wörter

als
genauso ... wie ...
deshalb

Verben

abfahren – ankommen
ausfallen
dauern
einsteigen – umsteigen – aussteigen
reservieren
verpassen
warten

1 Wohnen 1

Was passt zusammen? Verbinden Sie und schreiben Sie die Wörter mit Artikel.

~~Altbau-~~ | Erd- | Monats- | Ober- | Neu- | Quadrat- | Einbau- | Dreizimmer-

-bauwohnung | -geschoss | -geschoss | -küche | -meter | -miete | -wohnung | ~~-wohnung~~

1 *die Altbauwohnung* .... 5 ....

2 .... 6 ....

3 .... 7 ....

4 .... 8 ....

2 Wohnungsanzeigen 1

a Was bedeuten die Abkürzungen?

1 3 Zi., EG — *3 Zimmer, Erd* ....

2 2. OG, 70 m² — *2. Ober* ...., *70 Quadrat* ....

3 DG mit EBK — *Dach* ...., *mit Ein* ....

4 zzgl. 120 € Nebenkosten — *zu* .... *120 € Nebenkosten*

5 2 Zi., 4. OG, 62 qm — *2* ...., *4.* ...., *62* ....

b Lesen Sie die Informationen und beschreiben Sie die Wohnungen.

1 2 Zi., 2. OG, 50m², 320 € kalt

Es ist eine 2-Zimmer-Wohnung im zweiten Obergeschoss. Die Wohnung ist 50 Quadratmeter groß und kostet 320 Euro Miete ohne Nebenkosten.

2 4 Zi., EG, 75qm, 545 € kalt, zzgl. 130 € Nebenkosten

....

....

3 3 Zi., DG, mit EBK, 90m²

....

....

4 1 WG-Zi., 3. OG, 15qm, 300 € warm

....

....

3 Auf Wohnungssuche 1|2

a Ergänzen Sie die Fragen.

1 *Wie viele Zimmer hat die Wohnung?* .... Die Wohnung hat drei Zimmer.
2 .... Die Wohnung ist 55 m^2 groß.
3 .... Die Wohnung liegt im 2. Stock.
4 .... Ja, die Wohnung hat ein Bad.
5 .... Nein, die Wohnung hat leider keinen Balkon.
6 .... Ja, die Wohnung ist noch frei.
7 .... Sie können sofort einziehen.
8 *Wie hoch ist die* .... 500 Euro plus Nebenkosten.
9 .... Ja, die Kaution beträgt zwei Monatsmieten.
10 .... Ja, die Wohnung liegt nicht weit vom Stadtzentrum.
11 .... Ja, in der Nähe gibt es eine U-Bahn-Station.
12 .... Sie können die Wohnung am Freitagabend besichtigen.

58 **b** Hören Sie die Fragen und Antworten zur Kontrolle. Sprechen Sie nach.

4 Mir, dir ... 3

a Ergänzen Sie die Tabelle.

dir | euch | ~~ihnen~~ | Ihnen | ihm | ihr | mir | uns

Nominativ	Dativ
ich	....
du	....
er/es	....
sie	....
wir	....
ihr	....
sie/Sie	ihnen/ ....

b Ergänzen Sie die Sätze.

1 ▶ Ben, wie gefällt .... die neue Wohnung?
▷ Sie gefällt .... gut. Und morgen ziehen wir um.
Wir brauchen aber noch ein Auto.
Ali, kannst du .... dein Auto leihen?
▶ Ja, kein Problem. Ich gebe .... mein Auto für das ganze Wochenende. Ich brauche es nicht.

2 □ Ich habe gehört, Natalia und Anna brauchen morgen ein Auto. Sie wollen einen Ausflug machen. Wir können .... doch helfen und .... unser Auto geben.
▶ Nein, das geht nicht. Ben zieht um. Ich habe .... schon unser Auto geliehen.

3 ■ Herr Elster, gefallen .... diese Küchenmöbel?

○ Ja, ... gefallen sie schon.

■ Und Ihrer Frau?

○ Naja, sie findet die Möbel in Ordnung, aber die Möbel bei *Möbel-Schnell* gefallen .... besser.

5 Möbel 5

Finden Sie 12 Wörter (→ ↓). Schreiben Sie die Wörter mit Artikel und Plural.

L	U	I	S	S	S	O	F	A	C	U	K	A
H	H	B	E	T	T	S	T	U	L	T	I	D
E	L	T	S	E	U	S	C	H	R	A	N	K
R	T	I	S	C	H	A	G	R	E	G	A	L
D	I	H	E	U	L	A	M	P	E	B	U	X
A	G	E	L	T	E	P	P	I	C	H	T	A
F	E	R	N	S	E	H	E	R	G	L	O	P
T	K	Ü	H	L	S	C	H	R	A	N	K	E

das Bett, die Betten

6 Präpositionen 5

a Wo ist der Ball? Ordnen Sie die Präpositionen den Bildern zu.

an | auf | hinter | in | neben | über | unter | vor | zwischen

1 *auf*

2 ....

3 ....

4 ....

5 ....

6 ....

7 ....

8 ....

9 ....

b Schreiben Sie Sätze zu den Bildern 1–9.

1 *Der Ball ist auf dem Buch.*
2 ……………………
3 ……………………
4 ……………………
5 ……………………
6 ……………………
7 ……………………
8 ……………………
9 ……………………

7 Wohin *hängen/legen/stellen/setzen* wir das? 5

Ergänzen Sie.

Wir haben eine neue Wohnung. Super. Unsere Möbel sind schon in der neuen Wohnung und jetzt gibt es viel Arbeit. Das Sofa ……1…… wir ins Wohnzimmer, den Teppich ……2…… wir in den Flur und den Vorhang ……3…… wir ans Fenster. Die Bilder ……4…… wir an die Wand. Die Spielsachen ……5…… wir ins Kinderzimmer und die Kleidung ……6…… wir in den Schrank. Die Puppen und Engelchen ……7…… wir auf die Fensterbank. Das ist schön!

8 *Stehen – liegen – hängen* 5

Was passt? Ergänzen Sie.

Jetzt sind wir fertig. Das Sofa ……1…… im Wohnzimmer, der Teppich ……2…… im Flur und der Vorhang ……3…… am Fenster. Die Bilder ……4…… an der Wand. Jetzt sieht alles sehr schön aus.

9 *Stellen – stehen – legen – liegen – hängen* 6

Ergänzen Sie.

▶ Wir müssen unsere Wohnung noch einrichten. Im Moment ……1…… der Herd noch im Flur. Wir müssen ihn in die Küche ……2…… .

▷ Und wohin kommt der Teppich?

▶ Im Moment ……3…… der Teppich im Flur. Das gefällt mir nicht. Am besten ……4…… wir ihn ins Wohnzimmer.

▷ Die Lampe ……5…… jetzt über dem Herd. Wir können sie aber auch über den Küchentisch ……6…… .

▶ Ja, das finde ich gut.

10 Einzug

a Ergänzen Sie die Artikel.

der Boden, ... Fenster, ... Herd, ... Kühlschrank,

.... Kaffeemaschine, ... Stuhl,

.... Tisch, ... Tür, ... Vase, ... Wand,

.... Waschmaschine

wo (Dativ)	wohin (Akkusativ)
●	→
der > dem	der > den
die > der	die > die
das > dem	das > das

b Wo sind die Sachen? Wohin kommen sie?

1 Die Lampe hängt über .... Herd. Wir hängen sie über .... Tisch.

2 Die Kaffeemaschine steht vor .... Stuhl. Wir stellen sie auf .... Herd.

3 Das Regal steht auf .... Boden. Wir hängen es an .... Wand.

4 Die Stühle stehen an .... Tür. Wir stellen sie an .... Tisch.

5 Der Hund schläft unter .... Stuhl. Jetzt läuft er unter .... Tisch.

6 Das Essen steht auf .... Waschmaschine. Wir stellen es auf .... Tisch.

7 Die Blumen liegen auf .... Tisch. Wir stellen sie in .... Vase.

8 Die Waschmaschine steht vor .... Fenster. Wir stellen sie zwischen .... Herd und .... Kühlschrank.

11 *Wo* oder *wohin*?

Ergänzen Sie.

1 .... sollen wir den Tisch stellen?

2 .... steht der Tisch jetzt?

3 .... liegt mein Handy?

4 .... wohnen Sie?

5 .... fahren Sie in Urlaub?

6 .... gehst du morgen?

7 .... steht Ihr Auto?

8 .... bist du gestern gegangen?

12 Und wie ist Ihre Wohnung?

Schreiben Sie in Ihr Heft.

> Ich wohne ... Meine Wohnung hat ... m²/ ... Zimmer.
> Meine Wohnung/Mein Haus liegt ... zentral/am Stadtrand/auf dem Land/...
> In meinem Wohnzimmer/... steht/liegt/hängt/sitzt/...

13 Hausordnung 8

Lesen Sie die Aussagen und den Text. Entscheiden Sie, ob die Aussagen 1–3 richtig oder falsch sind.

HAUSORDNUNG

Haustür: Von 22.00 – 6.00 Uhr bitte die Haustür abschließen.

Kinderwagen: Bitte keine Kinderwagen vor der Treppe oder dem Aufzug abstellen. Sie können diese neben der Hoftür und dem Kellerzugang abstellen.

Fahrräder: Bitte keine Fahrräder im Treppenhaus abstellen. Fahrräder dürfen nur im Hof an den Fahrradständern abgestellt werden.

Kraftfahrzeuge: Es ist nicht erlaubt, Autos und Motorräder im Hof zu parken. Autos und Motorräder dürfen im Hof auch nicht gewaschen werden.

Treppenhausreinigung: Die Treppenhausreinigung erfolgt immer dienstags ab 14.00 Uhr durch die Firma SG-Hausreinigung GmbH.

Müll: Bitte trennen Sie den Müll ordnungsgerecht. Im Hof stehen Restmüll-, Papier-, Biomüll- und Gelbe Tonnen zur Verfügung. Altglas muss gesondert entsorgt werden. Am Adenauer-Platz stehen Glascontainer zur Verfügung. Bitte beachten Sie die Einwurfzeiten.

IMH Hausverwaltung

		✓	✗
1	Die Mieter müssen jeden Dienstag die Treppen sauber machen.	☐	☐
2	Im Hof darf man keine Fahrzeuge abstellen.	☐	☐
3	Es gibt im Haus keine Container für Glas.	☐	☐

14 Die Stadtwerke kommen. 8

Lesen Sie den Text und schließen Sie die Lücken. Welche Lösung (a, b oder c) passt am besten?

......1...... Mieterinnen und Mieter,

......2...... Montag, den 1.10., zwischen 9 und 13 Uhr, kommen die Stadtwerke ins Haus, um den Zählerstand abzulesen. Die Stadtwerke ......3...... unbedingt in die Wohnungen. Wenn Sie nicht zu Hause sind, geben Sie dem Hausmeister, Herrn Krause, bitte ......4...... Wohnungsschlüssel.

Mit ......5...... Grüßen

Die Hausverwaltung

1
a ☐ Freundliche
b ☐ Geehrte
c ☐ Sehr geehrte

2
a ☐ am
b ☐ der
c ☐ um

3
a ☐ können
b ☐ mögen
c ☐ müssen

4
a ☐ euren
b ☐ Ihren
c ☐ seinen

5
a ☐ freundlichen
b ☐ geehrten
c ☐ meinen

15 Zwei Gespräche 8

Sie hören zwei Gespräche. Zu jedem Gespräch gibt es zwei Aufgaben. Entscheiden Sie bei jedem Gespräch, ob die Aussage richtig oder falsch ist und welche Antwort (a, b oder c) am besten passt. 59

	✓	✗
1 Frau Berger und Herr Groß sind Nachbarn.	☐	☐

2 Frau Berger
- a ☐ hat Probleme mit dem Müll.
- b ☐ hat schon bei der Stadt angerufen.
- c ☐ möchte nicht mehr Miete bezahlen.

	✓	✗
3 Der Mann und die Frau suchen eine Wohnung.	☐	☐

4 Julia
- a ☐ kann vielleicht nächsten Monat umziehen.
- b ☐ möchte mit Tim zusammenwohnen.
- c ☐ zieht heute Abend um.

16 Hoffest 9–10

a Lesen Sie die Kurznachricht und beantworten Sie die Fragen.

Liebe Nachbarn,

am Samstag, den 4. August, machen wir wieder zusammen unser Hoffest wie jedes Jahr. Sie sind alle herzlich eingeladen. Getränke holen wir. Möchte jemand etwas zu essen machen? Oder haben Sie Ideen, was man noch alles machen kann? Musik oder Spiele für die Kinder? Dann schreiben Sie uns doch bitte eine kurze E-Mail. Schreiben Sie auch, wenn Sie nicht kommen können.

Liebe Grüße

Tom und Karin Neubauer

1 Wer organisiert das Hoffest? ……

2 Wer kommt zum Hoffest? ……

3 Wer bringt die Getränke mit? ……

4 Wer bringt das Essen mit? ……

5 Wie kann man Tom und Karin Neubauer antworten? ……

b Kommen Sie zum Hoffest (1) oder kommen Sie nicht zum Hoffest (2)? Schreiben Sie Familie Neubauer eine Antwort.

1 Sie kommen gern.
Liebe Familie Neubauer, vielen Dank für die Einladung. Ich komme gern ...
Ich kann ... kochen/backen/machen/mitbringen/kaufen. Ich freue mich auf ... / ...

2 Sie können nicht kommen.
Liebe Familie Neubauer, vielen Dank für die Einladung. Es tut mir leid, aber ...
Leider kann ich nicht ... Ich muss ...

Lernwortschatz

Wie heißen die Wörter in Ihrer Sprache? Übersetzen Sie.

Wohnungssuche

der Altbau
die Anzeige
der Balkon
der Besichtigungstermin
die Einbauküche
das Erdgeschoss
das Dachgeschoss
die Kaution
die Miete
die Monatsmiete
möbliert
die Nebenkosten
der Neubau
das Obergeschoss
m^2/qm = der Quadratmeter
der Stadtrand
das Stadtzentrum
der Stock
das Stockwerk
eine Wohnung besichtigen
die Wohnungsanzeige
zentral

Die neue Wohnung

die Einweihungsparty
der Einzug
der Hausmeister
die Hausordnung
die Hausverwaltung
der Mieter
der Müll
den Müll trennen
die Mülltonne
der Nachbar
der Umzug
der Vermieter
die WG, Wohngemeinschaft
die Mitteilung
die Nachricht

Verben

Schreiben Sie Sätze.

ausziehen — *Ich ziehe im Juni aus der alten Wohnung aus.*
einziehen
gefallen
hängen
kündigen
legen
liegen
mieten
stehen
stellen
umziehen
vermieten

1 Ämter und Behörden 1

a Wie heißen die Ämter und Behörden? Ergänzen Sie.

1 das Sta _ _ _ _amt

2 die Kfz-Z _ _ _ _ _ _ _ _ _stelle

3 die Aus _ _ _ _ _ _behörde

4 das Ein _ _ _ _ _ _meldeamt

5 die Ag _ _ _ _ _ für A _ _ _ _ _

6 das F _ _ _ _ _ amt

b Was macht man wo?

das Auto anmelden | Steuern zahlen | ~~Informationen zum Integrationskurs~~ | Arbeit suchen | die Wohnung anmelden | eine Geburt melden | Kindergeld beantragen | eine Aufenthaltserlaubnis beantragen | eine Heirat anmelden

1 Bei der Ausländerbehörde *bekommt man Informationen zum Integrationskurs,* ……………………

……………………

2 Beim Finanzamt ……………………

3 Beim Einwohnermeldeamt ……………………

4 Beim Standesamt ……………………

5 Bei der Agentur für Arbeit ……………………

6 Bei der Kfz-Zulassungsstelle ……………………

c Welche Dokumente und Unterlagen brauchen Sie wo?

der Mietvertrag | das Familienbuch | der Reisepass | der Kraftfahrzeugschein | die Geburtsurkunde | die Wohnungsanmeldung | der Führerschein

1 Bei der Kfz-Zulassungsstelle braucht man ……………………

2 Beim Standesamt ……………………

3 Bei der Ausländerbehörde ……………………

4 Beim Einwohnermeldeamt ……………………

2 Offizielles 2

Welches Verb passt? Es gibt mehrere Möglichkeiten.

abmelden | anmelden | ausfüllen | beantragen | bezahlen | finden | herunterladen | melden | stellen | suchen

1 eine Arbeit ....

2 eine Arbeitserlaubnis ....

3 eine Aufenthaltserlaubnis/ein Visum ....

4 ein Auto *abmelden, anmelden, bezahlen, suchen*

5 eine Wohnung ....

6 Steuern ....

7 Kindergeld ....

8 einen Antrag ....

9 ein Formular ....

10 eine Geburt ....

3 Ein Telefongespräch 2

60 Ergänzen Sie die Wörter. Hören Sie dann den Dialog zur Kontrolle.

Behörden | Termin | Öffnungszeiten | helfen | anmelden | zuständig

▶ Stadtverwaltung Mühlheim. Guten Tag. Was kann ich für Sie tun?

▷ Können Sie mir ..... 1 .....? Ich bin umgezogen. Ich möchte meine Wohnung ..... 2 ...... Wohin muss ich gehen?

▶ Dafür ist das Einwohnermeldeamt ..... 3 ......

▷ Und wo ist das?

▶ Im Rathaus.

▷ Und noch eine Frage. Wir wollen bald heiraten. Kann ich im Einwohnermeldeamt auch einen ..... 4 ..... ausmachen?

▶ Nein, dafür müssen Sie zum Standesamt.

▷ Und wo ist das?

▶ Das ist auch im Rathaus.

▷ Wissen Sie die ..... 5 .....? Ich habe nur nach 16 Uhr Zeit.

▶ Einen Moment, ich schaue mal nach. Beide ..... 6 ....., das Einwohnermeldeamt und das Standesamt, haben donnerstags bis 18 Uhr geöffnet.

4 Was machen Sie, wenn ...? 3

Ordnen Sie die Wörter und schreiben Sie die Sätze.

1 Ich rufe Sie an, (wenn | ich | habe | Fragen)

Ich rufe Sie an, wenn ich Fragen habe.

2 Wir frühstücken lange, (wenn | haben | wir | Zeit)

3 Sie fährt nach Spanien, (wenn | Urlaub | sie | hat)

4 Er fährt Fahrrad, (wenn | nicht | es | regnet)

5 Tom repariert sein Fahrrad, (wenn | kaputt | ist | es)

6 Lucy geht zur Arbeitsagentur, (wenn | sie | sucht | eine Arbeit)

5 *Wenn*-Sätze mit zwei Verben 3

Ordnen Sie die Wörter und schreiben Sie die Sätze.

Zwei Verbformen im **Wenn**-Satz? Das konjugierte Verb steht am Ende.

1 Sie können mich anrufen, (wenn | Sie | möchten | stellen | einen Antrag)

2 Ich bleibe zu Hause, (wenn | nicht | ich | muss | arbeiten)

3 Ich lese abends ein Buch, (wenn | schlafen | nicht | ich | kann)

4 Ich gehe zur Sprachschule, (wenn | will | ich | machen | einen Sprachkurs)

5 Du musst anrufen, (wenn | einen Termin | du | möchtest | bekommen)

6 Sie müssen ein Formular ausfüllen, (wenn | Sie | wollen | einen | Antrag | stellen)

1 *Sie können mich anrufen, wenn Sie einen Antrag stellen möchten.*

2

3

4

5

6

6 *Wenn ..., (dann) ...* 3

Drehen Sie die Sätze um. Der *Wenn*-Satz steht am Anfang.

Beispiel: Wir fahren in Urlaub, wenn wir Geld haben.

Wir fahren in Urlaub.

Wenn wir Geld haben, (dann) **fahren wir** in Urlaub.

1 Ich fahre mit dem Rad, wenn es nicht regnet.

....

2 Sie bleibt im Bett, wenn sie krank ist.

....

3 Ich gehe zur Sprachschule, wenn ich Deutsch lernen möchte.

....

4 Wir gehen zum Standesamt, wenn wir heiraten wollen.

....

5 Wir brauchen eine Arbeitserlaubnis, wenn wir in Deutschland arbeiten wollen.

....

6 Wir brauchen einen Computer, wenn wir das Formular herunterladen möchten.

....

7 Familie und Verwandtschaft 4

Ergänzen Sie die Wörter.

Cousin | Cousine | Enkel | Geschwister | Großmutter | Großvater | Neffe | Nichte | Onkel | Schwager | Schwiegereltern | Tante

1 Der Vater von meinem Vater ist mein ....

2 Die Mutter von meiner Mutter ist meine ....

3 Die Kinder von meinen Kindern sind meine ....

4 Die Schwester von meinem Vater ist meine ....

5 Der Bruder von meiner Mutter ist mein ....

6 Der Bruder von meiner Frau ist mein ....

7 Ich habe zwei ...., einen Bruder und eine Schwester.

8 Die Eltern von meiner Frau sind meine ....

9 Die Tochter von meinem Bruder ist meine ....

10 Die Tochter von meiner Tante ist meine ....

11 Der Sohn von meiner Tante ist mein ....

12 Der Sohn von meiner Schwester ist mein ....

8 *Alles – etwas – nichts* 5

Was passt? Ergänzen Sie.

1 A Haben Sie die Wörter im Formular verstanden?
B Ja, ich habe .... verstanden.
C Nein, ich habe überhaupt .... verstanden.
D Ich habe viel verstanden, aber .... verstehe ich nicht.

2 ▶ Guten Tag, kann ich Sie .... fragen?
▷ Kein Problem, Sie können mich .... fragen.

3 ▶ Du warst heute in der Stadt? Hast du .... gekauft?
▷ Nein, ich habe .... gefunden. .... war zu teuer.

9 Heiraten 5

a Ergänzen Sie *alles* / *etwas* / *nichts*. Hören Sie dann das Gespräch zur Kontrolle. 61

Thomas: Hallo Peter und Anja. Ihr wollt doch heiraten. Wart ihr schon beim Standesamt? Habt ihr eure Papiere? Habt ihr ....1........ bekommen?

Peter: Wir haben unsere Geburtsurkunden und unsere Pässe. Ich hoffe, das ist ....2........ .

Anja: Nein, es fehlt noch ....3........ . Hast du das vergessen? Ich brauche noch mein ... wie heißt das ... mein Ehefähigkeitszeugnis aus Polen.

Thomas: Was ist das für ein Papier?

Anja: Da steht, dass ich in Polen nicht verheiratet bin.

Thomas: Und das ist dann ....4........ ?

Peter: Ja, weiter brauchen wir ....5........ , hoffentlich. Was machst du eigentlich hier in der Stadt? Suchst du ....6........ ?

Thomas: Nein, ich brauche ....7........ . Ich habe ....8........ . Ich gehe nur spazieren.

b Sind die Aussagen richtig oder falsch? Lesen Sie den Dialog noch einmal. Kreuzen Sie an.

	✓	✗
1 Peter und Anja haben geheiratet.	☐	☐
2 Anja braucht noch ein Dokument.	☐	☐
3 Thomas weiß, was ein Ehefähigkeitszeugnis ist.	☐	☐
4 Thomas möchte etwas kaufen.	☐	☐

10 Verstehen Sie immer alles? Nein? 6

62 Hören Sie und sprechen Sie nach.

1 Entschuldigung. Ich brauche eine Auskunft.
2 Darf ich Sie etwas fragen?
3 Ich verstehe das Wort „Staatsangehörigkeit“ nicht. Was bedeutet das?
4 Können Sie mir das bitte erklären?
5 Können Sie das bitte wiederholen?

11 Herr Moustakas 7

a Herr Moustakas braucht Hilfe. Füllen Sie das Formular für ihn aus.

Herr Georgios Moustakas kommt aus Griechenland, aus Athen. Er ist Grieche und ist am 1.10.1980 in Thessaloniki geboren. Seit einem Jahr lebt er in Deutschland. In Berlin arbeitet er als Ingenieur. Er wohnt in der Wrangelstraße 20. Die Postleitzahl ist 12165. Er ist nicht verheiratet. Seine Telefonnummer ist 030 56433221, seine Handynummer ist 0172 34528233. Seine E-Mail-Adresse ist moustakas@web4u.gr.

........1........ Familienname	........2........ Vorname(n)	........3........ Staatsangehörigkeit
........4........ Geburtsdatum	........5........ Geburtsort	........6........ Geburtsland
(7) m ☐ w ☐ d ☐ Geschlecht	........8........ Familienstand	........9........ Beruf
Adresse		
........10........ Straße Hausnummer	........11........ PLZ Wohnort	........12........ Land
Telefon		
........13........ Vorwahl/Telefonnummer	........14........ mobil	........15........ E-Mail-Adresse

b Lesen Sie das Formular noch einmal. Schreiben Sie Fragen zu den Antworten.

	Sie	du
1	*Wo sind Sie* ....?	*Wo bist du* ....?
	Ich bin in Griechenland geboren.	
2	............?	............?
	Ich bin Ingenieur von Beruf.	
3	............?	............?
	Ich lebe seit einem Jahr in Deutschland.	
4	............?	............?
	Ja, meine Handynummer ist 0172 34528233.	

12 Nachfragen

a Schreiben Sie die Sätze richtig. Achten Sie auf Groß- und Kleinschreibung, auf „." (Punkt) und „?" (Fragezeichen).

1 ichhabeeinefrage ....

2 ichbraucheeineauskunft ....

3 ichverstehedaswortnicht ....

4 wasbedeutetdas ....

5 ichhabesieleidernichtverstanden ....

6 könnensiedasbittewiederholen ....

7 womussichunterschreiben ....

b Hören Sie die Sätze und sprechen Sie nach. 63

13 Im Rathaus

Sie möchten auch einen Antrag auf eine Kaffeepause stellen.
Füllen Sie bitte das Formular vollständig aus. Ihre Kursleiterin/Ihr Kursleiter ist für Ihren Antrag zuständig.

ANTRAG AUF KAFFEEPAUSE

Antragsteller(in)

....	....
Familienname, Vorname(n)	Geburtsname/frühere Namen
m ☐ w ☐ d ☐ Geschlecht	.... Familienstand
.... Geburtsort	.... Wohnort
.... Staatsangehörigkeit	

Was sagt Ihre Kursleiterin/Ihr Kursleiter?
Ist der Antrag genehmigt 🙂 oder abgelehnt? 🙁

Lernwortschatz

Auf dem Amt

Ergänzen Sie die Artikel.

.... Amt
.... Aufenthaltserlaubnis
.... Ausweis
.... Behörde
.... Reisepass
.... Unterlagen (Pl.)
.... Visum
zuständig

Formulare

die Adresse (die Straße, die Hausnummer, die Postleitzahl, der Wohnort)
die E-Mail-Adresse
der Familienname
der Familienstand (geschieden, ledig, verheiratet, verwitwet)
das Formular
das Geburtsdatum
das Geburtsland
der Geburtsname
der Geburtsort
das Geschlecht (männlich/weiblich/divers)
die Staatsangehörigkeit
die Telefonnummer
die Unterschrift
der Vorname

Verben

abgeben — *Ich möchte einen Antrag abgeben.*
abholen
ablehnen
einen Antrag stellen
ausfüllen
etwas beantragen
genehmigen
mitbringen
eine Nummer ziehen
unterschreiben
warten
erklären
wiederholen

Familie

Ergänzen Sie die Pluralformen.

die Großeltern (Pl.)
der Großvater, *die Großväter*, die Großmutter, *die Großmütter*
der Schwager, die Schwägerin
der Onkel, die Tante
der Neffe, die Nichte
der Cousin, die Cousine
die Schwiegereltern (Pl.)
der Schwiegervater
die Schwiegermutter
die Geschwister (Pl.)
der Bruder, die Schwester
der Enkel, die Enkelin

Andere Wörter

alles
etwas
nichts
wenn

1 *Seit und vor* 1

a Ergänzen Sie die Endungen.

1 Wir leben seit ein ...... Jahr in Berlin.

2 Seit ein ...... Woche habe ich eine neue Arbeit.

3 Seit ein ...... Monat lerne ich Englisch.

4 Ich frühstücke nie vor d ...... Arbeit.

5 Vor d ...... Deutschkurs trinke ich immer einen Kaffee.

b Was passt? *Seit* oder *vor*?

1 Ich war ...... einem Jahr im Krankenhaus.

2 ...... zehn Jahren fahren wir im Urlaub an die Nordsee.

3 Er hat ...... drei Monaten geheiratet.

4 Ihre Eltern sind ...... 38 Jahren verheiratet.

2 Zeitwörter 1

a Ergänzen Sie.

nach | nach | seit | von ... bis | vor

Ich bin ...... 1 ...... zwei Jahren nach Deutschland gekommen. Zuerst habe ich in Marburg gewohnt, dort habe ich in meinem Beruf eine Arbeit gesucht, aber nichts gefunden. ...... 2 ...... sechs Monaten bin ich dann nach Frankfurt gegangen und habe eine Arbeit als Ingenieur gefunden. ...... 3 ...... eineinhalb Jahren lebe ich jetzt in Frankfurt. Die Stadt und die Arbeit gefallen mir. Ich arbeite täglich ...... 4 ...... 8 ...... 5 ...... 18 Uhr. ...... 6 ...... der Arbeit treffe ich mich oft mit meinen Freunden.

b Was passt? Ergänzen Sie.

am | bis | bis | im | um | von | von

Mein Deutschkurs beginnt ...... 1 ...... November, ... 2 ...... Montag ...... 3 ...... 18 Uhr. Er geht ...... 4 ...... Montag ...... 5 ...... Mittwoch immer ...... 6 ...... 18 Uhr ...... 7 ...... 21 Uhr.

c Und Sie? Schreiben Sie.

1 Seit wann machen Sie den Deutschkurs?

....

2 Bis wann dauert Ihr Deutschkurs?

....

3 Wann findet Ihr Deutschkurs immer statt?

....

3 Schule und Beruf 2

Welches Wort passt? Ergänzen Sie die Sätze.

Ausbildung | Praktikum | Studium | Weiterbildung

1 Nach der Schule hat Alina eine .... zur Frisörin gemacht.

2 Ihr Freund ist Buchhalter. Er macht jetzt in seinem Beruf eine .... zum Bilanzbuchhalter.

3 Die Tochter von Alina geht in die 9. Klasse. Jeder Schüler und jede Schülerin macht jetzt ein .... So können sie die verschiedenen Berufe kennenlernen.

4 Später möchte Julia studieren. Wenn sie das Abitur hat, kann sie ein .... an der Universität machen.

4 Schule, und dann? 2

a Welches Wort passt? Ergänzen Sie die Sätze.

Abitur | Ausbildungsplatz | Berufsschule | Hauptschulabschluss | Realschulabschluss | Schule | Universität | Weiterbildungen

In Deutschland müssen die Kinder mindestens neun Jahre zur ......1...... gehen. Nach der neunten Klasse haben die Jugendlichen den ......2....... Nach zehn Jahren kann man den ......3...... machen. Wenn man das Gymnasium besucht hat, kann man nach zwölf oder 13 Jahren das ......4...... machen. Dann kann man an einer ......5...... studieren. Eine Berufsausbildung ist nach dem 9. oder 10. Schuljahr möglich. Man muss sich einen ......6...... suchen, und wenn man ihn gefunden hat, beginnt die Ausbildung. Sie dauert meistens drei Jahre. Man lernt in der Firma und auch an der ......7....... Aber auch nach der Schule und nach der Ausbildungszeit kann man viele ......8...... machen. Hier gibt es viele Angebote, zum Beispiel an der VHS oder der Industrie- und Handelskammer.

b Lesen Sie die Aussagen. Zwei Aussagen sind falsch. Lesen Sie den Text noch einmal und korrigieren Sie die falschen Aussagen.

1 In Deutschland besuchen alle Kinder mindestens zwölf Jahre lang die Schule.

2 Für eine Berufsausbildung braucht man kein Abitur.

3 Mit dem Realschulabschluss kann man an einer Universität studieren.

4 Die Industrie- und Handelskammer bietet Weiterbildungen an.

....

....

5 Was passt? 2

Immer nur ein Verb ist richtig. Unterstreichen Sie.

1 einen Beruf — lernen | machen | besuchen
2 einen Schulabschluss — haben | studieren | abschließen
3 eine Prüfung — arbeiten | bestehen | lernen
4 ein Zeugnis — bekommen | abschließen | machen
5 die Schule — beenden | gehen | studieren

6 Wie wird man ...? 3

a Lesen Sie den Text. Entscheiden Sie, ob die Aussagen 1–3 richtig oder falsch sind.

www.ausbildungsratgeber.de

AUSBILDUNGSRATGEBER.DE Donnerstag, 09. Mai

Ausbildung zur Köchin/zum Koch

Sie kochen gern? Sie wollen aus Ihrem Hobby Ihren Beruf machen? Haben Sie schon einmal über eine Ausbildung zur Köchin/zum Koch nachgedacht? Diese Informationen sind dann sicher interessant für Sie.

Die Ausbildung zur Köchin/zum Koch dauert drei Jahre. Sie lernen im dualen System, das bedeutet in der Berufsschule, dort lernen Sie die Theorie über Lebensmittel, Gesundheit, Hygiene und vieles mehr, und im Ausbildungsbetrieb, im Restaurant oder im Hotel. Hier lernen Sie die Praxis. Wenn Sie die Abschlussprüfung geschafft haben, können Sie eine Weiterbildung zum Küchenmeister machen. Als Küchenmeister können Sie die Leitung einer Küche übernehmen und Sie dürfen andere Köchinnen und Köche ausbilden.

Fortbildungen
In Fortbildungen spezialisieren Sie sich auf bestimmte Speisen und Lebensmittel, zum Beispiel auf Beilagen oder auf kalte Speisen. Nach der Ausbildung zum Koch oder zur Köchin können Sie noch weiter Karriere machen. Mit dem Abschluss Betriebswirt an einer Hotelfachschule werden Sie Manager/in in Hotels und Restaurants.

Fachstudium
Wenn Sie ausgebildeter Koch oder ausgebildete Köchin sind, können Sie auch bestimmte Fächer an einer Universität oder Hochschule studieren, zum Beispiel Lebensmitteltechnologie.

Ausbildungsbetriebe und freie Ausbildungsplätze finden Sie über die IHK-Ausbildungsbörse (www.ihk.de).

Seite drucken

	✓	✗
1 Die Ausbildung zur Köchin/zum Koch macht man in einem Betrieb und an einer Schule.	☐	☐
2 Jede Köchin/jeder Koch darf andere Köchinnen und Köche ausbilden.	☐	☐
3 Wenn man Hotelmanager/in werden möchte, muss man eine weitere Schule besuchen.	☐	☐

b Und wie ist das in Ihrem Heimatland? Wie wird man Köchin/Koch, Polizistin/Polizist, Verkäuferin/Verkäufer ...? Wählen Sie einen Beruf und schreiben Sie.

7 Sandro 4

Lesen Sie den Text aus Aufgabe 4a im Kursbuch noch einmal und sortieren Sie. Was hat Sandro zuerst gemacht und was dann?

- ☐ hat eine Ausbildung angefangen
- ☐ hat einen Deutschkurs gemacht
- ☐ hat geheiratet
- ☐ hat sich getrennt
- ☐ ist nach Deutschland gekommen
- ☐ hat ein Praktikum gemacht
- [1] hat sich verliebt

8 Perfekt 4

a Ergänzen Sie die Partizipien.

1 arbeiten – *ich habe gearbeitet*
2 kochen – ......
3 lernen – ......
4 machen – ......
5 hören – ......
6 kaufen – ......
7 spielen – ......
8 leben – ......
9 schlafen – ......
10 sehen – ......
11 lesen – ......
12 schreiben – ......
13 essen – ......
14 trinken – ......
15 kommen – ......
16 fahren – ......

b Wo stehen die Wörter? Schreiben Sie die Sätze in die Tabelle.

1 Gestern | ich | nicht viel | gearbeitet | habe | .
2 Zuerst | im Supermarkt | Essen und Getränke | gekauft | habe | ich | .
3 Dann | mit Freunden | ein Picknick | gemacht | habe | ich | .

	Verb		Partizip II
1 *Gestern*	*habe*		
2			
3			

9 Perfekt – trennbare Verben 4

a Unterstreichen Sie das Perfekt der trennbaren Verben in den Sätzen.

1 Vor zwei Monaten <u>habe</u> ich meinen Deutschkurs <u>abgeschlossen</u>.
2 Letzte Woche hat der neue Deutschkurs angefangen.
3 Heute bin ich spät aufgestanden.
4 Ich habe meine Freundin angerufen.
5 Zusammen haben wir Essen eingekauft.
6 Dann habe ich sie zu einem Picknick eingeladen.
7 Zum Picknick haben wir natürlich auch Getränke mitgenommen.

b Schreiben Sie die Verben in die Tabelle.

	Infinitiv	Präsens	Perfekt
1	*abschließen*	*ich schließe ab*	*ich habe abgeschlossen*
2			
3			
4			
5			
6			
7			

10 Perfekt – Verben auf *-ieren* 4

a Ergänzen Sie die Partizipien.

▶ Marcel, wie war dein Sonntag?

▷ Schön. Am Vormittag habe ich mein Fahrrad .... (reparieren). Dann habe ich mit meiner Freundin .... (telefonieren). Wir sind zusammen an den See gefahren und haben viel .... (fotografieren).

▶ Und was hast du heute gemacht?

▷ Heute war ich an der Uni. Ich habe den ganzen Tag .... (studieren). Wir haben doch nächste Woche einen Test. Aber gerade ist noch etwas Interessantes .... (passieren). Ich habe Lola und Markus getroffen, aber das erzähle ich dir, wenn wir uns sehen ...

b Hören Sie den Dialog zur Kontrolle. 64

11 Perfekt – Verben ohne *ge-*. Ergänzen Sie. 4

1 verlieren ....

2 .... ich habe vergessen

3 verdienen ....

4 .... ich habe verstanden

5 besuchen ....

6 .... ich habe bekommen

7 erklären ....

12 Sandro, Stefan und Karim 1–4

Lesen Sie die Texte aus Aufgabe 1 und 4 im Kursbuch noch einmal. Füllen Sie die Tabelle aus.

	Karim	Sandro	Stefan
Heimatland		*Bolivien*	
Seit ... in Deutschland			
Praktikum			
Ausbildung			
Weiterbildung			
Studium			
Beruf			
Jobs			

13 Carmen erzählt. 1–4

a Ergänzen Sie die Perfektformen.

Meine Eltern .... 1970 nach Deutschland .... (kommen). Von 1970 bis 1985 .... sie in Berlin .... (arbeiten). Dann .... sie nach Spanien .... (zurückgehen). Ich bin in Madrid geboren und .... nach der Schule eine Ausbildung als Krankenpflegerin .... (anfangen) und .... (abschließen). 2013 .... ich einen deutschen Mann .... (kennenlernen) und .... mit ihm nach Deutschland .... (gehen). Jetzt lebe ich in Hamburg und möchte in meinem Beruf arbeiten. Ich .... an der Volkshochschule Deutschkurse .... (besuchen) und mache jetzt einen B2-Kurs. Letzten Monat .... ich Besuch von meinen Eltern .... (bekommen). Wir .... alle zusammen Deutsch .... (sprechen), mein Freund kann nämlich nur ganz wenig Spanisch. Das war lustig. Meine Eltern .... viele deutsche Wörter .... (vergessen).

65 **b** Hören Sie zur Kontrolle.

14 Hören und sprechen 4–5

66 Sie hören Verben. Wie heißt das Perfekt? Antworten Sie.

1 arbeiten — *Ich habe gearbeitet.*
2 ...

15 Berufe und Tätigkeiten 5

a Was passt? Ordnen Sie und schreiben Sie Sätze.

~~Automechaniker~~ | Frisörin | Arzt | Bürokauffrau | Krankenpfleger | Lehrer | Köchin | Technikerin | Apothekerin | Kellner

~~Autos reparieren~~ | kranke Menschen pflegen | Patienten untersuchen | Gäste bedienen | Haare schneiden | unterrichten | Medikamente verkaufen | Essen kochen | Kunden beraten | am Computer arbeiten | mit Kunden telefonieren | Computerprogramme installieren

Ein Automechaniker repariert Autos. ....

b Und welche Berufe kennen Sie noch? Was machen die Personen?

....

16 Kursprogramm 6

Lesen Sie das Kursprogramm der Aufgabe 6 im Kursbuch noch einmal und beantworten Sie die Fragen.

1 Wann beginnt der *Kurs Yoga am Vormittag?* ....

2 Wann endet der Kurs? ....

3 Von wann bis wann ist der Kurs *Englisch für alle?* ....

4 Ist der Kurs *Spanisch für den Urlaub* für Anfänger? ....

5 Gibt es Kurse nur für Frauen? ....

6 Welcher Kochkurs ist für ältere Personen? ....

7 Welcher Kurs hilft Ihnen, wenn Sie eine Arbeit suchen? ....

8 Wie bekommen Sie mehr Informationen über die Kochkurse? ....

17 Welche Pläne haben Sie? 7

Schreiben Sie einen Text.

zur Schule gehen | einen Ausbildungsplatz finden | Arbeit suchen | weiter Deutsch lernen | einen Computerkurs machen | eine Weiterbildung machen | in meinem Beruf arbeiten | viel Geld verdienen | studieren | Urlaub machen | ...

zuerst | dann | danach | nach | seit | von ... bis

Zuerst möchte ich ... .

Lernwortschatz

Schule und Universität

die Schule, die Schulen ....
der Schüler, die Schüler ....
die Schülerin, die Schülerinnen ....
der Schulabschluss, die Schulabschlüsse ....
das Zeugnis, die Zeugnisse ....
das Abitur (Abi) ....
die Prüfung, die Prüfungen ....
die Universität (Uni), die Universitäten ....
der Student, die Studenten ....
die Studentin, die Studentinnen ....
das Studium, die Studien ....

Ausbildung und Weiterbildung

Schreiben Sie die Pluralformen auf.

die Anmeldung *die Anmeldungen*
die Ausbildung ....
der Ausbildungsplatz ....
die Beratung ....
die Berufsausbildung ....
die Berufsschule ....
die Kursgebühr ....
die Kenntnisse (Pl.) ....
das Praktikum ....
die Vorkenntnisse (Pl.) ....
die Weiterbildung ....
die Nachricht ....

Arbeitssuche

der Job ....
die Bewerbung ....
die Bewerbungsunterlagen (Pl.) ....
das Vorstellungsgespräch ....

Verben

Schreiben Sie Sätze.

abschließen *Ich habe meine Ausbildung 2015 abgeschlossen.*
anfangen ....
beenden ....
besuchen ....
dauern ....
jobben ....
machen ....
passieren ....
studieren ....
verlieren ....

Zeitwörter

vor ....
nach ....
seit ....
von ... bis ....

1 Von der Stellensuche zum Arbeitsvertrag

a Welches Wort passt? Ergänzen Sie.

der Arbeitsvertrag | ~~die Ausbildung~~ | der Beruf | der Pflegedienst | die Stellenanzeigen | die Stellensuche

Ich lerne einen Beruf. Ich mache eine *Ausbildung* 1 .

Ich bin Koch. Das ist mein ______ 2 ______ .

Ich möchte als Türkischlehrer arbeiten. Die ______ 3 ______ ist schwierig.

Kauf eine Zeitung. In der Zeitung sind viele ______ 4 ______ .

Ich kümmere mich um alte Menschen. Ich arbeite bei einem ______ 5 ______ .

Juhuu! Ich habe heute meinen ______ 6 ______ unterschrieben.

b Juan hat eine Arbeit gefunden. Ergänzen Sie die Wörter.

Ausbildung | Aushilfsjob | Arbeitsvertrag | Beruf | Stelle | Stellensuche | Stellenangebote | Pflegedienst

Mein Name ist Juan. Ich bin seit einem Jahr in Deutschland. Ich habe in Köln eine Arbeit gefunden. Die ______ 1 ______ war nicht einfach, aber ich hatte Glück. Auf einer Seite im Internet habe ich ______ 2 ______ für Haushaltshilfen gefunden. Und jetzt arbeite ich bei einem ______ 3 ______ und helfe alten Leuten im Haushalt. Leider ist es keine feste ______ 4 ______ , ich habe nur einen ______ 5 ______ . Ich arbeite mindestens 15 Stunden pro Woche. So steht es in meinem ______ 6 ______ . In meiner Heimat habe ich eine ______ 7 ______ zum Krankenpfleger abgeschlossen. Hier kann ich aber erst in meinem ______ 8 ______ arbeiten, wenn ich besser Deutsch kann.

2 Tipps geben

a Welcher Tipp passt zu welchem Problem? Verbinden Sie.

1 Ich bin immer müde. — c

2 Ich suche eine neue Arbeit.

3 Ich bin krank.

4 Mein Auto ist kaputt.

a Dann such doch mal im Internet.

b Dann fahr doch mit dem Fahrrad.

c Dann mach doch mehr Sport.

d Dann geh doch zum Arzt.

b Schreiben Sie die Tipps in der *Sie*-Form.

1 *Ich bin immer müde – Dann machen Sie doch mehr Sport.*

2 ______

3 ______

4 ______

3 Reflexive Verben 2

a Schreiben Sie Antworten.

1 Die Stellenanzeige ist interessant. Bewirbst du dich? *Ja, ich bewerbe mich.*
2 Interessiert sich deine Freundin für Fußball? ……
3 In fünf Minuten fährt der Bus. Beeilt ihr euch? ……
4 Treffen sich Anna und Inga um 14 Uhr? ……
5 Melden wir uns für den Englischkurs an? ……
6 Du hast bald Geburtstag. Freust du dich? ……

b Ergänzen Sie.

mich | dich | sich | uns | euch

Hallo Nadine, willst du …… für den Computerkurs anmelden?

Ich weiß nicht, ich muss …… erst informieren, wie die Termine sind.

Marek und Nina, ihr wollt doch ins Kino gehen. Wann wollt ihr …… treffen?

Wir wollen …… um 8 vor dem Theater treffen.

Kann ich mitkommen?

Ja, aber beeil ……. Es gibt, glaube ich, nur noch wenige Karten.

Herr Roth, interessieren Sie …… auch für die Stelle als Fachverkäufer?

Ja, ich habe …… auch schon beworben und eine positive Antwort bekommen. Morgen treffe ich …… mit dem Personalchef.

Dann viel Glück.

67 4 Hören Sie und sprechen Sie nach. Achten Sie auf *ch* und *sch*. 3

1 ▶ Interessierst du dich für technische Berufe?
▷ Ja, ich interessiere mich für technische Berufe.

2 ▷ Interessieren Sie sich eigentlich für den Beruf Tischler?
▶ Nein, ich interessiere mich nicht für den Beruf Tischler. Ich möchte Dachdecker werden.

3 ▷ Interessiert sich Anna für einen kaufmännischen Beruf?
▶ Sie interessiert sich nicht für einen kaufmännischen, sondern für einen pflegerischen Beruf.

5 Und Sie? Wofür interessieren Sie sich (nicht)? 3

……

Filme | technische Berufe | soziale Berufe | Sport

6 Ergänzen Sie die *Denn*-Sätze. 4

1 Ich esse, denn *ich habe Hunger.*

2 Du liest die Zeitung, denn .

3 Er geht zu Fuß, denn .

4 Sie geht zum Arzt, denn .

5 Wir machen Sport, denn .

6 Ihr lernt Deutsch, denn .

7 Sie feiern, denn .

7 *Denn* und *weil* 4–5

a Ordnen Sie die Wörter und schreiben Sie die Sätze mit *denn*.

1 Nadja möchte in Vollzeit arbeiten, (sie | in Teilzeit | verdient | zu wenig)

2 Tom ist unzufrieden, (er | hat | keine Arbeit)

3 Christina möchte in Frankfurt wohnen, (es | gefällt | ihr | hier | sehr gut)

4 Sie sucht einen Aushilfsjob am Wochenende, (sie | unter der Woche | hat | einen Deutschkurs)

5 Wir müssen uns beeilen, (haben | einen | wir | Termin)

1 *Nadja möchte in Vollzeit arbeiten,* ***denn*** *sie* ***verdient*** *in Teilzeit zu wenig.*

2

3

4

5

b Schreiben Sie die Sätze aus 7a mit *weil*.

1 *Nadja möchte in Vollzeit arbeiten,* ***weil*** *sie in Teilzeit zu wenig* ***verdient****.*

2

3

4

5

c *Weil* oder *denn*? Ergänzen Sie.

1 Ich habe heute keine Zeit, ... ich muss arbeiten.
2 Laura ist zufrieden, ... sie einen guten Job gefunden hat.
3 Tom kann heute nicht kommen, ... er krank ist.
4 Er muss im Bett bleiben, ... er hat Fieber.
5 Ich freue mich auf das Wochenende, ... wir feiern eine Party.
6 Frau Schmidt beeilt sich, ... der Zug in zehn Minuten abfährt.
7 Wir treffen uns um 19.30 Uhr vor dem Kino, ... der Film beginnt um 20 Uhr.
8 Ich freue mich, ... ich eine neue Arbeitsstelle habe.

8 Vollzeit oder Teilzeit? 5

a Ordnen Sie zu.

1 Ich arbeite 39 Stunden in der Woche. Ich habe eine — d
2 Ich verdiene 450 € im Monat. Ich habe einen
3 Ich arbeite nur im August. Ich habe einen
4 Ich arbeite 22 Stunden in der Woche. Ich habe eine

a Minijob.
b Aushilfsjob.
c Teilzeitstelle.
d Vollzeitstelle.

b Wie arbeiten Sie oder wie möchten Sie arbeiten?

Ich ....

....

9 Bewerbung beim Getränkemarkt West 5

a Lesen Sie die Anzeige und die Fragen. Kreuzen Sie an: richtig oder falsch.

Getränkemarkt West

Zur Verstärkung unseres Teams suchen wir schnellstmöglich eine(n) Getränkeverkäufer/-in in Teilzeit. Die Arbeitszeiten sind flexibel im Rahmen unserer Öffnungszeiten Montag bis Freitag von 8.00 Uhr bis 13.00 Uhr und von 14.00 Uhr bis 19.00 Uhr und samstags von 8 bis 16 Uhr. Zu Ihren Aufgaben gehören alle Arbeiten in einem Getränkemarkt: Verkauf, Beratung, Leergutannahme, Kassieren.

Zu Ihren Aufgaben gehört nicht die Auslieferung der Getränke an Kunden. Diese Aufgabe übernimmt unser Lieferservice.

Haben Sie Interesse? Dann bewerben Sie sich bitte telefonisch unter 0152 23344467.

		✓	✗
1	Der Getränkemarkt bietet eine Vollzeitstelle an.	☐	☐
2	Der Markt hat sechs Tage in der Woche geöffnet.	☐	☐
3	Als Getränkeverkäufer muss man zu den Kunden fahren.	☐	☐
4	Man kann sich schriftlich bewerben.	☐	☐

b Emanuel Gebremariam bewirbt sich. Ordnen Sie den Dialog und schreiben Sie ihn in Ihr Heft.

Herr Schneider – Getränkemarkt West:

- [1] Getränkemarkt West. Schneider.
- [ ] 20 Stunden pro Woche. Wir teilen das im Team auf. Wichtig ist aber, dass Sie samstags arbeiten können.
- [ ] Sie haben also Erfahrung im Verkauf?
- [ ] Sie kommen aus Eritrea? Wir haben Mitarbeiter aus vielen Ländern, aber aus Eritrea noch niemanden. Okay, am besten Sie kommen schon morgen hier vorbei und wir besprechen alles genauer.
- [ ] Ja, die Stelle ist noch frei.
- [ ] Sagen wir, morgen um 10 Uhr, in der Kreutzerstraße 5.
- [ ] Bis morgen. Auf Wiederhören.

Emanuel Gebremariam:

- [ ] Das ist kein Problem. Ich habe auch schon als Verkäufer gearbeitet.
- [ ] 10 Uhr passt mir gut. Dann also bis morgen.
- [ ] Ja, ich habe in meiner Heimat fünf Jahre als Verkäufer gearbeitet, in einem Lebensmittelgeschäft in Eritrea.
- [ ] Gerne. Und um wie viel Uhr?
- [ ] Guten Tag, mein Name ist Gebremariam. Ich habe Ihre Anzeige in der Zeitung gelesen. Sie suchen einen Getränkeverkäufer. Ist die Stelle noch frei?
- [ ] Könnten Sie mir genauer sagen, wie die Arbeitszeiten sind?

c Hören Sie den Dialog zur Kontrolle. 68

10 Lebenslauf 6

a Lesen Sie den Lebenslauf in Aufgabe 6 im Kursbuch und beantworten Sie die Fragen.

1 Wo ist Laura geboren? ……………………

2 Ist Laura verheiratet? ……………………

3 Was ist ihre Staatsangehörigkeit? ……………………

4 Welche Schulbildung hat sie? ……………………

……………………

5 Hat sie eine Ausbildung gemacht? Wenn ja, welche? ……………………

……………………

6 Was ist sie von Beruf? ……………………

7 Welche Sprachen spricht sie? ……………………

8 Was sind ihre Hobbys? ……………………

b Und Sie? Schreiben Sie.

1 Wo sind Sie geboren? ....

2 Sind Sie verheiratet? ....

3 Was ist Ihre Staatsangehörigkeit? ....

4 Welche Schulbildung haben Sie? ....

....

5 Haben Sie eine Ausbildung gemacht? Wenn ja, welche? ....

....

6 Was sind Sie von Beruf? ....

7 Welche Sprachen sprechen Sie? ....

8 Was sind Ihre Hobbys? ....

11 Herr Karikari bewirbt sich. 6

Lesen Sie den Text und schließen Sie die Lücken. Welche Lösung (a, b oder c) passt am besten?

An	karikari@mailnet.de
Von	tourismus@agberlin.de
Betreff	AW: Bewerbung

Sehr ...... 0 ...... Herr Karikari,
wir danken ...... 1 ...... für Ihre Bewerbung und das Interesse an unserem Unternehmen.
Gerne möchten wir ...... 2 ...... zu einem Vorstellungsgespräch am Montag, dem 1.10.,
um 9 Uhr ...... 3 .... 4 ...... Sie an diesem Termin nicht kommen können,
setzen Sie sich bitte mit unserer Personalabteilung in Verbindung (030 4333556).
Wir freuen ...... 5 ...... auf Sie.
Mit ...... 6 ...... Grüßen
Tourismus AG – Berlin

Beispiel

0 a ☐ geehrte
b ☐ geehrten
c ☒ geehrter

1 a ☐ euch
b ☐ Ihnen
c ☐ Sie

2 a ☐ dich
b ☐ euch
c ☐ Sie

3 a ☐ einladen
b ☐ kommen
c ☐ verschieben

4 a ☐ Weil
b ☐ Wenn
c ☐ So

5 a ☐ mich
b ☐ sich
c ☐ uns

6 a ☐ freundlichen
b ☐ meinen
c ☐ unseren

12 Mailbox 1-7

Sie hören zwei Ansagen am Telefon. Zu jedem Text gibt es eine Aufgabe. Ergänzen Sie die Telefonnotizen. Sie hören jeden Text zweimal. 69

Beispiel:

Party
Anna zurückrufen
Zeit: *ab 19 Uhr*

1

Bewerbung
Prima-Reisen zurückrufen
Telefonnummer:
....

2

Jobcenter
neuer Termin
Wann? Am ....
um 10 Uhr.

13 Clara braucht Hilfe. 1-7

Sie bekommen eine Nachricht von Ihrer Bekannten Clara. Sie braucht Hilfe. Sie möchte eine Fremdsprache lernen. Clara weiß aber nicht, welche Sprache sie lernen soll und in welcher Sprachschule. Schreiben Sie.

Hier finden Sie vier Punkte. Wählen Sie drei aus. Schreiben Sie zu jedem Punkt ein bis zwei Sätze (circa 40 Wörter). Vergessen Sie nicht den passenden Anfang und Gruß am Schluss.

Sprache | Kosten | Sprachschule | Bücher

14 Zwei Gespräche 1-7

Sie hören zwei Gespräche. Zu jedem Gespräch gibt es zwei Aussagen. Entscheiden Sie bei jedem Gespräch, ob die Aussage dazu richtig oder falsch ist und welche Antwort (a, b oder c) am besten passt. 70

1 Maria spricht mit einem Arbeitsberater. ☐ ✓ ☐ ✗

2 Maria
- a ☐ braucht einen Tipp für die Stellensuche.
- b ☐ möchte in der Stadtbücherei arbeiten.
- c ☐ will ein neues Handy.

3 Herr Schmidt und Frau Gonzalez sind Nachbarn. ☐ ✓ ☐ ✗

4 Frau Gonzalez
- a ☐ arbeitet bald in einem Hotel.
- b ☐ braucht für ihre Arbeit keine Fremdsprachen.
- c ☐ will einen Englischkurs machen.

Lernwortschatz

Schreiben Sie Beispielsätze.

Arbeit gesucht!

die Arbeitsagentur
die Arbeitssuche
die Ausbildung — *Hast du eine Ausbildung gemacht?*
der Aushilfsjob
das Beratungsgespräch
die Bewerbung
das Bewerbungsfoto
der Job
der Lebenslauf
das Stellenangebot

Notieren Sie Beispiele.

Berufe

handwerklich — *Bäcker*
kaufmännisch
kreativ
pflegerisch
sozial
technisch

Personen

die Aushilfe (m/w)
der/die Auszubildende
der Bewerber
die Bewerberin

Arbeit gefunden!

der Arbeitsvertrag
die feste Stelle
Teilzeit arbeiten
die Teilzeitstelle
Vollzeit arbeiten
die Vollzeitstelle

Verben

sich anmelden
aussehen
sich bedanken
sich beeilen
sich bewerben
sich informieren
sich interessieren für
sich freuen
sich treffen

Adjektive

nett
normal
(un)professionell
(un)sympathisch
verrückt
(un)zufrieden

Tests

- Mit den Zwischentests zu den Lektionen 1–3 und 4–6 können Sie kontrollieren, wie viel Sie dazugelernt haben. Außerdem bereiten die Zwischentests Sie schrittweise auf den Übungstest *Start Deutsch 2/telc Deutsch A2* vor.

- Bitte markieren Sie die richtige Antwort so:

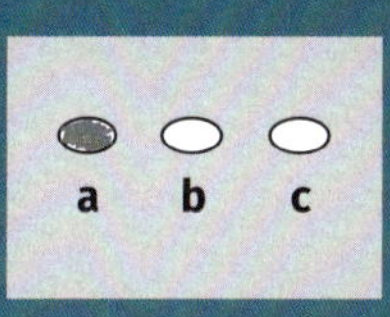

- Auch im Test *Start Deutsch 2/telc Deutsch A2* müssen Sie den Antwortbogen so ausfüllen.

Hören

71 Sie hören drei Ansagen am Telefon.
Zu jedem Text gibt es eine Aufgabe.
Ergänzen Sie die Telefonnotizen.
Sie hören jeden Text zweimal.

TIPP
Lesen Sie genau:
Was sollen Sie ergänzen?

1
www.reiser.net
für Informationen
anklicken: ....

2
Besichtigungstermin
in der Elisenstraße 14,
neuer Termin um:
....

3
Kerstin
Koffer nach Köln
mitnehmen,
wann? : ....

Lesen

Lesen Sie den Text und die Aufgaben 4–6.
Markieren Sie: a, b oder c.

TIPP
Lesen Sie genau:
Was möchten Sie oder Ihre Tochter machen?
An welchem Tag können Sie das machen?

VERANSTALTUNGSKALENDER	
DONNERSTAG 4. August	10:00 Uhr Spielgruppe für Kinder von 3 bis 6 Jahren 15:00 Uhr Kulturcafé – internationaler Treffpunkt 18:00 Uhr Deutschkurs A1
FREITAG 5. August	17:00 Uhr Informationsstunde – Deutschkurs A2+ Beruf 18:00 Uhr Spiele für Erwachsene 20:00 Uhr Kinoabend *Die große Reise*
SAMSTAG 6. August	10:00 Uhr Obst- und Gemüsemarkt am Stadtplatz 11:00 Uhr Radtour – Abfahrt am Stadtpark, Eingang Schlossstraße 21:00 Uhr Theater im Schlosshof (nur bei Schönwetter)
SONNTAG 7. August	10:00 Uhr Flohmarkt 11:00 Uhr Sommerfest im Schwimmbad (nur bei Schönwetter) 16:00 Uhr Führung durch die Stadt – Treffpunkt beim Rathaus (bitte anmelden)

0 Sie möchten frisches Obst kaufen. Das geht am			
a Donnerstag.	**b** Freitag.	**c** Samstag.	○ a ○ b ● c

4 Ihre 5-jährige Tochter möchte mit anderen Kindern spielen. Das geht am
a Donnerstag. **b** Samstag. **c** Sonntag. ○ a ○ b ○ c

5 Sie möchten einen Film sehen. Das geht am/an
a Donnerstag. **b** Freitag. **c** einem anderen Tag. ○ a ○ b ○ c

6 Sie möchten die Stadt besichtigen. Das geht am
a Freitag. **b** Samstag. **c** Sonntag. ○ a ○ b ○ c

Schreiben

Ihre Freundin Sophia hat Ihnen eine E-Mail geschrieben. Sie möchte am Wochenende etwas mit Ihnen unternehmen. Sie sollen etwas vorschlagen. Sie sollen Sophia vorher abholen. Antworten Sie ihr in einer E-Mail.

Hier finden Sie vier Punkte. Wählen Sie **drei** aus. Schreiben Sie zu jedem dieser Punkte ein bis zwei Sätze.
- Ihre Reaktion
- etwas vorschlagen
- Wann?
- Wo abholen?

Vergessen Sie nicht den passenden Anfang und den Gruß am Schluss.
Schreiben Sie ca. 40 Wörter.

An	Sophia@gnx.com
Von	
Betreff	Wochenende

Liebe Sophia,

danke für deine E-Mail. Ich freue mich .... Wir können ....

Hören

72

Sie hören vier Informationen aus dem Radio.
Zu jedem Text gibt es eine Aufgabe.
Markieren Sie: a, b oder c. Sie hören jeden Text einmal.

TIPP
Lesen Sie die Fragen genau: Welche Wörter sind wichtig?

1 Ab wann kann man beim Radio anrufen?
a 15 Uhr **b** 16 Uhr **c** 17 Uhr ◯ a ◯ b ◯ c

2 Warum muss man auf der A7 langsam fahren?
a weil dort Arbeiten sind **b** weil dort ein Stau ist **c** weil es regnet ◯ a ◯ b ◯ c

3 Was kann man gewinnen?
a ein Buch **b** ein Spiel **c** eine Reise ◯ a ◯ b ◯ c

4 Wer hat heute Geburtstag?
a Lisa **b** Lisas Mutter **c** Lisas Schwester ◯ a ◯ b ◯ c

Lesen

Lesen Sie den Text und die Aufgaben 5–8.
Markieren Sie: richtig (+) oder falsch (-)?

TIPP
Lesen Sie genau: Was steht im Text? Was steht in den Aufgaben?

Warum ich Konditorin geworden bin

„Alles hat vor vier Jahren mit einer Kuchenparty angefangen", erzählt Vanessa Leder. Sie ist 23 und arbeitet seit einem Jahr in einer kleinen Konditorei. Dort macht sie Kuchen und Torten für Geburtstage, Hochzeiten und andere Feste. Das Geschäft läuft gut: Immer mehr Leute kaufen Vanessas Kreationen.

„Die Kuchenparty vor vier Jahren war toll", sagt die junge Frau. „Alle meine Freunde mochten meine Sachen. Nach der Party wollte meine Freundin Petra eine Geburtstagstorte für ihre Mutter. Petras Mutter fand sie superschön und lecker und sie hat ihren Freundinnen von mir erzählt. Da war mir klar: Ich möchte Konditorin werden." Nun hat Vanessa ihre Lehre abgeschlossen. Später möchte sie ein Kaffeehaus aufmachen.

5 Vanessa arbeitet seit vier Jahren als Konditorin. ◯ + ◯ –

6 Viele Leute kaufen Vanessas Kuchen und Torten. ◯ + ◯ –

7 Vanessa hat für Petras Mutter eine Hochzeitstorte gebacken. ◯ + ◯ –

8 Später möchte Vanessa eine Lehre als Konditorin machen. ◯ + ◯ –

Schreiben

Claire ist mit ihrem Mann nach Deutschland gezogen. Sie muss das Formular für das Einwohnermeldeamt (Bürgeramt) ausfüllen. Sie bittet Sie um Hilfe.

Schreiben Sie die fünf fehlenden Informationen in das Formular.

Familienname:	LEROY
Vorname:	Claire
geb. am:	16. März 1979
geb. in:	Lyon

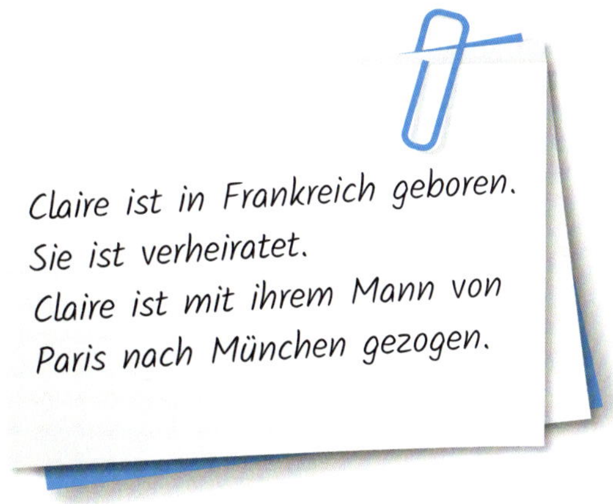

Beispiel:

0 Familienname: ***Leroy***

Anmeldung beim Meldeamt:

Familienname:	*Leroy*		0
Vorname:	Claire		
Geschlecht:	weiblich		
Familienstand:			1
Geburtsdatum:			2
Geburtsort:	Stadt:		3
	Land:		4
Neue Wohnung:	Straße:	Haager Straße 312b	
	PLZ:	81671	
	Stadt:		5

Anhang

Im Anhang können Sie noch einmal nachlesen:

- **die wichtigste neue Grammatik kurz zusammengefasst**
- **wichtige Redemittel aus den Lektionen**

1 Nomen

Genitiv bei Namen

Semra ist Esmas Mutter. = Semra ist die Mutter von Esma.

Wenn der Name auf -s endet, bekommt der Genitiv einen Apostroph (').

Semra ist Nicola**s'** Mutter.

2 Pronomen

Das Pronomen *man*

Das Pronomen *man* benutzt man, wenn das Subjekt eine unbestimmte Person ist.

Beispiel:

Man findet alle Infos im Internet.

Man muss die Tickets an der Kinokasse abholen.

Kann **man** die Zeitung auch online lesen?

man + Verb
in der 3. Person Singular

Indefinitpronomen *alles, etwas, nichts*

Wir haben **nichts** vergessen.

Verstehen Sie **alles**?

Darf ich Sie **etwas** fragen?

Personalpronomen im Akkusativ und Dativ

Nominativ	Akkusativ	Dativ
ich	mich	mir
du	dich	dir
er/sie/es	ihn/sie/es	ihm/ihr/ihm
wir	uns	uns
ihr	euch	euch
sie/Sie	sie/Sie	ihnen/Ihnen

Indefinitpronomen im Nominativ

der Fahrplan	Da ist **einer**.	Da ist **keiner**.
die Uhr	Da ist **eine**.	Da ist **keine**.
das Taxi	Da ist **eins**.	Da ist **keins**.
die Zeitungen	Da sind **welche**.	Da sind **keine**.

Indefinitpronomen im Akkusativ

der Computer	Hast du **einen**?	Nein, ich habe **keinen**.
die E-Mail-Adresse	Hast du **eine**?	Nein, ich habe **keine**.
das Handy	Hast du **eins**?	Nein, ich habe **keins**.
die Fotos	Hast du **welche**?	Nein, ich habe **keine**.

3 Verben

Reflexive Verben

sich informieren (über etwas)			
ich	informiere	**mich**	**Aussage**
du	informierst	**dich**	Ich interessiere **mich** für Stellenangebote. Laura bewirbt **sich** um eine Stelle als Kellnerin. Wir bedanken **uns** für das Gespräch.
er/sie/es	informiert	**sich**	
wir	informieren	**uns**	**Frage und Imperativ**
ihr	informiert	**euch**	Wo informierst du **dich** über Stellenangebote? Interessierst du **dich** auch für die Stelle? Beeilen Sie **sich**! Der Termin ist um 13.00 Uhr.
sie/Sie	informieren	**sich**	

Auch so: sich anmelden, sich bewerben (um), sich interessieren (für), sich beeilen, sich bedanken (für), sich treffen (mit), sich freuen (über, auf), sich umziehen

Das Perfekt von trennbaren Verben und das Perfekt ohne *ge-*

Perfekt der trennbaren Verben

Infinitiv	Präsens	Perfekt
an | fangen	Ich fange die Ausbildung an.	Ich habe die Ausbildung angefangen.
ab | schließen	Ich schließe den Kurs ab.	Ich habe den Kurs abgeschlossen.
an | bieten	Er bietet seine Hilfe an.	Er hat seine Hilfe angeboten.

Perfekt ohne *ge-*

Verben mit untrennbarem Präfix und Verben auf *-ieren*: regelmäßige Formen

Infinitiv	Partizip II	Beispiel
besuchen	besucht	Ich habe die Schule besucht.
passieren	passiert	Es ist viel passiert.
verdienen	verdient	Er hat Geld verdient.

Verben mit untrennbarem Präfix und Verben auf *-ieren*: unregelmäßige Formen

Infinitiv	Partizip II	Beispiel
verlieren	**verloren**	Er hat seine Arbeit **verloren**.
bekommen	**bekommen**	Sie hat letztes Jahr ein Baby **bekommen**.

Weitere nicht trennbare Präfixteile sind: *be-*, *emp-*, *ent-*, *er-*, *ge-*, *miss-*, *ver-*, *zer-*.

4 Adjektive

Vergleich	Positiv	Komparativ	Superlativ
Endung	**–**	**-er**	**am ...-sten**
regelmäßig	schön	schöner	am schönsten
a → ä	alt	**ä**lter	am **ä**ltesten
u → ü	jung	j**ü**nger	am j**ü**ngsten
o → ö	groß	gr**ö**ßer	am gr**ö**ßten
	breit	breiter	am breit**e**sten
spezielle Formen	**gern**	**lieber**	**am liebsten**
	gut	**besser**	**am besten**
	viel	**mehr**	**am meisten**

***als* + Komparativ** für Unterschiedliches: Paul (1,90 m) ist **größer als** Stefan (1,85 m).

***so/genauso ... wie* + Positiv** (Grundform) für Gleiches: Alex (1,70 m) ist **genauso groß wie** Marianne (1,70 m).

5 Präpositionen

Lokale Präpositionen (Wechselpräpositionen)

Wechselpräpositionen sind lokale Präpositionen, die mit dem Akkusativ oder dem Dativ stehen können. Zu den **Wechselpräpositionen** gehören: *in, an, auf, unter, über, vor, hinter, neben, zwischen.*

	Wohin? → Akkusativ		**Wo? • Dativ**	
Singular	stellen, legen, setzen, hängen, gehören, kommen		stehen, liegen, sitzen, hängen, sein	
	Wohin stellen wir die Kommode?		Wo steht die Kommode?	
	der Flur	in **den** Flur	**der** Flur	**im** Flur (= in **dem**)
	die Küche	in **die** Küche	**die** Küche	in **der** Küche
	das Wohnzimmer	**ins** Wohnzimmer (= in **das**)	**das** Wohnzimmer	**im** Wohnzimmer (= in **dem**)
Plural	Wohin stellen wir die Bücher?		Wo stehen die Bücher?	
	die Regale	in **die** Regale	**die** Regale	in **den** Regale**n**

Temporale Präpositionen

bis		Bewerben Sie sich bitte **bis** Juni.
ab		**Ab** Montag habe ich eine neue Stelle.
für		Wir suchen eine Aushilfe **für** sechs Monate.
seit	+ Dativ	Ich arbeite **seit einem Jahr** bei Firma XY.
nach	+ Dativ	**Nach der Schule** möchte ich studieren.
vor	+ Dativ	Ich habe **vor einem Jahr** meinen Deutschkurs beendet.

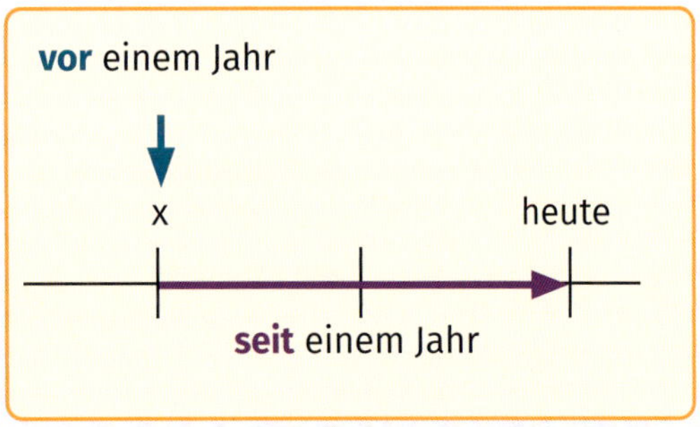

6 Satzbau

Sätze mit *deshalb*

> **Hauptsatz**
> = Das konjugierte Verb ist auf Position 2.

Ich bin krank. Deshalb gehe **ich** heute nicht zum Deutschkurs.
Hauptsatz 1 **Hauptsatz 2**

Ich bin müde. Deshalb fahre **ich** jetzt nach Hause.
Hauptsatz 1 **Hauptsatz 2**

Die Konjunktion *deshalb* steht auf **Position 1** des zweiten Hauptsatzes. Sie gibt einen **Grund** an.

Nebensätze mit *wenn*

> **Nebensatz**
> = Das konjugierte Verb steht am Satzende.

Sie können das Formular hier abholen, wenn **Sie** kein Internet haben.
Hauptsatz **Nebensatz (= *Wenn*-Satz)**

Wenn **Sie** kein Internet haben, können **Sie** das Formular hier abholen.
Nebensatz (= *Wenn*-Satz) **Hauptsatz**

Die Konjunktion *wenn* steht auf **Position 1** des Nebensatzes. Sie gibt eine **Bedingung** an.
Der *Wenn*-Satz kann entweder vor oder nach dem Hauptsatz stehen.

Nebensätze mit *weil* und *denn*

Laura ist glücklich. **Sie** hat eine neue Stelle.
Hauptsatz 1 **Hauptsatz 2**

Laura ist glücklich, denn **sie** hat eine neue Stelle.
Hauptsatz 1 **Hauptsatz 2**

Laura ist glücklich, weil **sie** eine neue Stelle hat.
Hauptsatz **Nebensatz**

Die Konjunktionen *denn* und *weil* geben beide einen **Grund** an.
Die Konjunktion *denn* verbindet zwei Hauptsätze, die Konjunktion *weil* leitet einen Nebensatz ein.

Lektion 1

Eine Veranstaltung besuchen

Am Wochenende ist in der Stadt viel los.

Karten gibt es an der Kinokasse.

Sie hat Tickets online reserviert.

Er holt die Tickets an der Abendkasse ab.

Die Veranstaltung ist kostenlos.

Der Eintritt ist frei.

Informationen zu ... findest du im Internet.

Er geht auf die Seite „...".

Das ist die Startseite.

Unter ... findet sie die besten Veranstaltungstipps.

Man kann das Programmheft herunterladen.

Internet und Medien

Was soll ich googeln?

Ich surfe viel im Internet.

Du musst auf ... klicken.

Ich muss noch eine Nachricht an ... schreiben.

Bitte antworten Sie mir per E-Mail.

Sie hat ihm die Einladung gemailt.

Gestern hat er mit seinen Freunden gechattet.

Er installiert die App auf seinem Handy.

Das alte Programm hat sie gelöscht.

Für das Internetforum braucht er einen Benutzernamen.

Das Wetter

Das Wetter ist bewölkt/windig/regnerisch/sonnig/kalt/warm.

Es regnet/schneit.

Die Temperaturen werden steigen/sinken bis auf ... Grad.

Es bleibt trocken.

Der Himmel ist wolkenlos.

Wir erwarten starke Schneefälle.

Der Schnee geht in Regen über.

Die Sonne kommt heraus.

Sich verabreden

Können wir am Wochenende zusammen etwas unternehmen?

Er möchte ...
... ins Kino/auf das Straßenfest/zum Flohmarkt/auf eine Party gehen.
... eine Radtour/einen Ausflug machen.
... lieber etwas anderes machen.

Kommst du mit zu ...?

Ich möchte dich zu meiner Party einladen.

Möchtest du mich besuchen?

Am ... habe ich leider keine Zeit.

Ich kann leider nur am .../bis ... Uhr.

Ich hole dich um ... Uhr ab.

Geht auch ... Uhr?

Ich komme später.

Melde dich bitte unter meiner Nummer ...

Lektion 2

Unterwegs

Ich bin unterwegs nach ...

Er fährt zum Bahnhof/zur U-Bahn-Station.

Sie nehmen den Bus/das Auto/den Zug.

Sie fährt mit dem Bus/Auto/Zug.

Fahrkartenkauf

Wann fährt der nächste Zug nach ...?

Bitte eine Rückfahrtkarte nach ...

Ich brauche nur die Hinfahrt.

Ich möchte einen Platz reservieren.

Wie lange dauert die Fahrt?

Wann komme ich in ... an?

Wo muss ich umsteigen?

Von welchem Gleis fährt der Zug?

Sie braucht eine gültige Fahrkarte, denn sie will nicht schwarzfahren.

Nach dem Weg fragen

Entschuldigung, können Sie mir helfen?

Wo ist die nächste Haltestelle?

Wie komme ich zum ...-Bahnhof?

Nehmen Sie den Bus/die S-Bahn Richtung ... bis ...

Sie müssen zweimal umsteigen.

Er muss in drei Stationen aussteigen.

Ich möchte zur/zum ... Ist das weit?

Zu Fuß sind es nur ein paar Minuten.

Auswahl von Verkehrsmitteln

Ich fahre gerne mit dem Fahrrad.

Ich finde Autofahren stressig.

Ich möchte flexibel sein, deswegen nehme ich meistens das Auto.

Im denke an die Umwelt, deswegen fahre ich selten mit dem Auto.

Längere Strecken fahre ich am liebsten mit dem Fernbus.

Busse und Züge sind oft sehr voll.

Der ICE ist schneller als der Fernbus.

Die Fahrt mit dem Bus dauert länger als mit der S-Bahn.

Die Fahrt mit dem Fernbus ist günstiger als mit der Bahn.

Die Busfahrkarte kostet weniger als die Zugfahrkarte.

Durchsagen

Der Zug ist pünktlich.

Verehrte Fahrgäste, der Zug nach ...
... fährt heute von Gleis ...
... hat eine Verspätung von ... Minuten.
... ist wegen einer technischen Störung verspätet.
... fällt heute leider aus.

Bitte beachten Sie die Durchsagen am Bahnhof.

Der Zug fährt heute ...
von Gleis ...
... Minuten später.

Sehr geehrte Fahrgäste, ...
... der nächste Halt ist ...
... die nächste Reisemöglichkeit nach ... ist ...
... Sie haben Anschluss an den Zug nach ...

Achtung, der Zug fährt ein.

Endstation, bitte steigen Sie hier aus.

Lektion 3

Wohnungsanzeigen

Vermietet wird eine ...-Zimmer-Wohnung mit Küche und Bad.

Die Miete beträgt ... Euro kalt plus ... Euro Nebenkosten.

Die Wohnung hat ... Quadratmeter.

Die Wohnung befindet sich im ... Stock.

Die Wohnung liegt
... zentral.
... nicht weit vom Stadtzentrum.
... vor der U-Bahn-Station.
... auf dem Land.
... am Stadtrand.

Die Kaution beträgt ... Monatsmieten.

Wohnungsbesichtigung

Wann kann ich die Wohnung besichtigen?

Sie vereinbart einen Besichtigungstermin mit der Vermieterin.

Wie viele Zimmer hat die Wohnung?

Die Wohnung ist frei ab dem ...

Die Wohnung hat einen Balkon.

Die Wohnung/Die Einbauküche gefällt uns sehr gut.

Wir wollen maximal ... Euro ausgeben.

Wann kann ich einziehen?

Umzug

Sie hat ihre Wohnung gekündigt.

Morgen ziehe ich um.

Er packt die Umzugskartons.

Du musst dir noch ein Auto leihen.

Einige Möbel und Sachen sind schon in der neuen Wohnung.

Sie möchte die Wohnung einrichten.

Wohin kommen die Sachen?

Hausordnung

Die Haustür muss abgeschlossen werden.

Fahrräder dürfen nur im Hof abgestellt werden.

Bitte trennen Sie den Müll.

Altglas gehört in den Glascontainer.

Kinderwagen können neben dem Kellereingang abgestellt werden.

Im Hof dürfen keine Fahrzeuge geparkt werden.

Die Mieter müssen die Treppe nicht sauber machen.

Die Zähler werden abgelesen am ...

Geben Sie bitte dem Hausmeister den Wohnungsschlüssel, wenn Sie nicht zu Hause sind.

Ein Fest feiern

Er feiert eine große Einweihungsparty.

Du bist zu meinem Fest herzlich eingeladen.

Bitte schreiben Sie, wenn Sie (nicht) kommen können.

Bitte schreibt uns eine kurze Nachricht zurück.

Vielen Dank für die Einladung,
... wir kommen gerne.
... ich kann leider nicht kommen.

Wir holen die Getränke.

Sie bringt etwas zu essen mit.

Haben Sie Ideen, was man sonst machen kann?

Lektion 4

Ämter und Behörden

Er beantragt eine Aufenthaltserlaubnis/ eine Arbeitserlaubnis bei der Ausländerbehörde.

Kindergeld beantragt man bei der Familienkasse.

Sie zahlt Steuern an das Finanzamt.

Sie melden die neue Wohnung beim Einwohnermeldeamt an.

Ein Auto muss man bei der Kfz-Zulassungsstelle anmelden.

Sie sucht einen neuen Job und hat einen Termin bei der Agentur für Arbeit.

Beim Standesamt haben sie einen Termin für ihre Heirat bekommen.

Die Geburt ihres Kindes melden sie beim Standesamt.

Termine und Öffnungszeiten

Wissen Sie die Öffnungszeiten?

Er braucht einen/keinen Termin.

Sie müssen eine Nummer ziehen.

Warten Sie, bis Sie aufgerufen werden.

Anträge und Formulare

Er stellt einen Antrag auf ...

Sie möchte ... beantragen.

Das Formular kannst du online herunterladen.

Er holt das Formular bei der Behörde ab.

Sie füllt den Antrag zu Hause in aller Ruhe aus.

Melden Sie sich, wenn Sie Fragen haben.

Bei der Behörde

Ich habe meinen Ausweis dabei.

Bitte bringen Sie Ihren Reisepass/die Geburtsurkunde/das Familienbuch/Ihren Führerschein mit.

Ihre Angaben sind noch nicht vollständig.

Sie füllen das Antragsformular gemeinsam aus.

Er muss den Antrag unterschreiben.

Meine Staatsangehörigkeit ist ...

Ich bin am ... in ... geboren.

Mein Familienstand ist: (nicht) verheiratet.

Unter Geschlecht kreuzt man weiblich, männlich oder divers an.

Wie ist Ihr Geburtsname?

Können Sie das bitte buchstabieren?

Um Auskunft bitten

Entschuldigung, ...
... darf ich Sie etwas fragen?
... ich brauche eine Auskunft.

Wohin muss ich gehen, um ...
... meine Wohnung/mein Auto anzumelden?
... einen Termin für meine Heirat auszumachen?
... einen Antrag auf ... zu stellen?

Wer ist zuständig für ...?

Wo finde ich die Stadtverwaltung/das Rathaus?

Ich verstehe das Wort ... nicht.

Können Sie das bitte erklären/wiederholen?

Lektion 5

Sich vorstellen

Er kommt aus ...

Sie ist in ... zur Schule gegangen.

Er hat ... Monate/Jahre in ... gelebt.

Ich lebe seit ... Monaten/Jahren in ...

Er ist noch neu hier.

Sie hat sich verliebt und dann geheiratet.

Er hat sich von seiner Frau getrennt.

Er ist ... von Beruf.

Ich habe einen Abschluss als ...

Sie/Er macht eine Ausbildung zur/zum ...

Ich mache gerade ein Praktikum.

Um Geld zu verdienen, hat er gejobbt.

Ich habe eine/keine Arbeit.

Seit wann bist du im Deutschkurs?

Schule und Ausbildung

Kinder gehen in Deutschland mindestens neun Jahre zur Schule.

In der neunten Klasse macht er den Hauptschulabschluss.

Nach zehn Jahren Schule kann man den mittleren Schulabschluss machen.

Mit Abitur kann sie an der Universität studieren.

Ich habe einen Ausbildungsplatz gefunden.

Eine Berufsausbildung dauert zwei/drei Jahre.

In der Firma lernt sie die praktische Arbeit.

In der Berufsschule lernst du die Theorie.

Wenn er die Prüfung schafft, bekommt er ein Zeugnis.

Weiterbildung

Du kannst eine (berufliche) Weiterbildung machen.

Die Industrie- und Handelskammer/Die VHS bietet Fortbildungen an.

Sie möchte (besser) ... lernen.

Ich sehe mir das Kursprogramm an.

Ich suche eine Weiterbildung im Bereich ...
... Sprachen.
... Gesundheit und Fitness.
... Sprachen.
... Kochen.

Sie hat sich für einen ...-Kurs angemeldet.

Dieser Kurs ist für Anfänger/Fortgeschrittene.

Perspektiven

Ich möchte nach der Ausbildung Geld verdienen.

Er möchte eine Stelle als ... finden.

Sie möchte später studieren.

Mein Traumberuf ist ...

Nach dem Deutschkurs möchte er weiter Deutsch lernen.

Sie mussten fliehen und möchten in Deutschland ein neues Leben anfangen.

Lektion 6

Arbeits- und Stellensuche

Sie informiert sich über aktuelle Stellenangebote ...
... in der Zeitung.
... bei einer Jobbörse im Internet.
... bei einer Informationsveranstaltung.

Er meldet sich bei einem Jobportal im Internet an.

Mach doch einen Termin bei der Arbeitsagentur.

Sprich doch mal persönlich mit dem Berufsberater.

Beratungsgespräch

Ich suche eine (feste) Stelle als ...

Ich interessiere mich für ...
... handwerkliche/technische/kreative/kaufmännische/pflegerische/soziale Berufe.
... den Beruf als ...

Ich möchte ...
... in meinem Beruf als ... arbeiten.
... Vollzeit/Teilzeit arbeiten.
... einen Aushilfsjob/Minijob finden.
... mehr Geld verdienen.

Ich habe eine/keine abgeschlossene Berufsausbildung.

Stellenangebote

Wir suchen schnellstmöglich/ab sofort/ab ...

Wir bieten ...
... einen festen Arbeitsvertrag.
... eine gute Bezahlung.

Sie verdienen ... Euro im Monat.

Die Arbeitszeiten sind ...
... von ... bis ...
... Stunden pro Woche.
... flexibel.

Zu Ihren Aufgaben gehören ...

Bitte bewerben Sie sich telefonisch/schriftlich/per E-Mail unter ...

Bewerbungsgespräch

Ich habe Ihre Stellenanzeige in der Zeitung/im Internet gelesen.

Ist die Stelle noch frei?

Haben Sie Erfahrung im ...?

Er hat schon als ... gearbeitet.

Können Sie ab ... anfangen?

Können Sie mir sagen, wie die Arbeitszeiten sind?

Sie kommt morgen vorbei, um alles genauer zu besprechen.

Wir möchten Sie zu einem Vorstellungsgespräch am ... um ... Uhr einladen.

Bitte setzen Sie sich mit unserer Personalabteilung in Verbindung.

Können Sie mich bitte zurückrufen. Meine Nummer ist ...

Sie hat den Arbeitsvertrag unterschrieben.

Eine Bewerbung schreiben

Sie schreibt eine Bewerbung.

Er hat einen lückenlosen Lebenslauf.

Auf dem Bewerbungsfoto solltest du sympathisch aussehen.

Bildquellen

Cover: piyaset/stock.adobe.com; **U2:** ii-graphics/stock.adobe.com; **S. 4** Jan Kocovski/telc gGmbH; **S. 7** großes Foto: Jan Kocovski/telc gGmbH; untere Reihe: Antonioguillem/fotolia.com; Rawpixel.com/fotolia.com; Andrey Popov/fotolia.com; **S. 8** Jan Kocovski/telc gGmbH; Artalis-Kartographie/fotolia.com; Hans-Jürgen Krahl/fotolia.com; Alexi Tauzin/stock.adobe.com; contrastwerkstatt/fotolia.com; Kaesler Media/fotolia.com; jacartoon/fotolia.com; **S. 9** dxinerz/fotolia.com; Artalis-Kartographie/fotolia.com; John Smith/fotolia.com; **S. 10** Jan Kocovski/telc gGmbH; **S. 11** Jan Kocovski/telc gGmbH; Antonioguillem/fotolia.com; leungchopan/fotolia.com; **S. 12** oben: DDRockstar/fotolia.com; Rido/fotolia.com; eyetronic/fotolia.com; fasphotographic/fotolia.com; unten: olly/fotolia.com; **S. 13** Minerva Studio/fotolia.com; **S. 15** großes Foto: Jan Kocovski/telc gGmbH; untere Reihe: Hetizia/fotolia.com; Petair/fotolia.com; Björn Wylezich/fotolia.com; **S. 16** Hetizia/fotolia.com; Jan Kocovski/telc gGmbH; lightpoet/fotolia.com; Creativemarc/fotolia.com; **S. 17** Trueffelpix/fotolia.com; JiSign/fotolia.com; Dark Vectorangel/fotolia.com; chagpa/fotolia.com; **S. 19** Hans-Jörg Nisch/fotolia.com; by-studio/fotolia.com; **S. 20** Jörg Hackemann/fotolia.com; Jeanette Dietl/fotolia.com; Jan Kocovski/telc gGmbH; **S. 23** großes Foto: Jan Kocovski/telc gGmbH; untere Reihe: picsfive/fotolia.com; pbardocz/fotolia.com; Bomix/fotolia.com; **S. 24** Casa imágenes/stock.adobe.com; Africa Studio/stock.adobe.com; Patrick Daxenbichler/stock.adobe.com; Jan Kocovski/telc gGmbH; **S. 25** Photographee.eu/fotolia.com; **S. 26** picsfive/fotolia.com; **S. 27** arsdigital/fotolia.com; **S. 28** Baillou/fotolia.com; DOC RABE Media/fotolia.com; **S. 31** großes Foto: Jan Kocovski/telc gGmbH; untere Reihe: phanuwatnandee/fotolia.com; ThamKC/fotolia.com; VRD/fotolia.com; **S. 32** Jan Kocovski/telc GmbH; phanuwatnandee/fotolia.com; Bobo/fotolia.com; stockWERK/fotolia.com; nikoniano/fotolia.com; **S. 34** Jan Kocovski/telc GmbH; **S. 36** EduLife Photos/stock.adobe.com; **S. 39** großes Foto: Jan Kocovski/telc gGmbH; untere Reihe: Monkey Business/fotolia.com; kebox/fotolia.com; **S. 41–43** Jan Kocovski/telc gGmbH; **S. 45** ginae014/fotolia.com; **S. 47** großes Foto: Jan Kocovski/telc gGmbH; untere Reihe: Björn Wylezich/fotolia.com; WavebreakmediaMicro/fotolia.com; UBER IMAGES/fotolia.com; **S. 48** maksi/fotolia.com; Daniel Ernst/fotolia.com; Thomas Reimer/fotolia.com; VRD/fotolia.com; **S. 49** Minerva Studio/fotolia.com; **S. 50** Jan Kocovski/telc gGmbH; mathafix/openclipart.org; ictusgpr/openclipart.org; **S. 51** GrumpyDad/openclipart.org; **S. 52** Jan Kocovski/telc gGmbH; **S. 53** PhotographyByMK/fotolia.com; Daniel Ernst/fotolia.com; Robert Kneschke/fotolia.com; Sergey Furtaev/fotolia.com; **S. 62** pakkad/fotolia.com; **S. 69** animaflora/fotolia.com; gentelmenit/fotolia.com; traveldia/fotolia.com; Kisa_Markiza/fotolia.com; rtype/fotolia.com; Jacek Chabrazcewski/fotolia.com; Oleksiy Mark/fotolia.com; chalabala/fotolia.com; **S. 70** obere Reihe: Maria Sbytova/fotolia.com; Westend61/fotolia.com; Arochau/fotolia.com; mariosforsos/fotolia.com; Gina Sanders/fotolia.com; untere Reihe: Leonid Andronov/fotolia.com; Coloures-pic/fotolia.com; kamasigns/fotolia.com; VisionsAD/fotolia.com; Petra Peerhalter/fotolia.com; **S. 74** Africa Studio/fotolia.com; fox17/fotolia.com; karandaev/fotolia.com; George Doligkh/fotolia.com; Mariia Pazhyna/fotolia.com; animaflora/fotolia.com; Oleksiy Mark/fotolia.com; **S. 112** Karl Holzhauser/MEV Verlag GmbH; **U3:** Vectonauto/vecteezy.com; pyty/stock.adobe.com; **U4:** BillionPhotos/stock.adobe.com; NAMPIX/stock.adobe.com; M+Isolation+Photo/stock.adobe.com; Prostock-studio/stock.adobe.com; fizkes/stock.adobe.com

Aus dem telc Verlagsprogramm

LEHRWERK UND TEST AUS EINER HAND

Passt zu **Einfach gut!**

Grammatiktraining
Deutsch für A1–B1

ISBN: 978-3-946447-19-1

Preis: 17,50 €

https://shop.telc.net

Nur bei telc: Kursbuch + Arbeitsbuch + Übungstest in einem!
Unter **www.telc.net/shop** können alle Lehrwerke bestellt werden.
Weitere Informationen zum telc Gesamtprogramm aus Lehrmaterialien, Prüfungen und Weiterbildungen: **www.telc.net/verlagsprogramm**
Gern beraten wir Sie: Telefon **+49 6172 38820-800**

ANZ_1005

Aus dem telc Verlagsprogramm

ZUSATZMATERIAL ZU *EINFACH GUT!*

INTENSIVTRAINING

A1 BIS B1, je 6,50 €

A1.1 978-3-946447-26-9
A1.2 978-3-946447-27-6
A2.1 978-3-946447-29-0
A2.2 978-3-946447-30-6
B1.1 978-3-946447-31-3
B1.2 978-3-946447-32-0

Nur bei telc: Kursbuch + Arbeitsbuch + Übungstest in einem!
Unter **www.telc.net/shop** können alle Lehrwerke bestellt werden.
Weitere Informationen zum telc Gesamtprogramm aus Lehrmaterialien, Prüfungen und Weiterbildungen: **www.telc.net/verlagsprogramm**
Gern beraten wir Sie: **aussendienst@telc.net**

ANZ_1002